역

역

김삼주 시집

우리글

그대는 나의

역,

그대에게서 내 하루는

죽음처럼 잠들어

바람으로 다시 태어난다.

차 례

1부 기차를 기다리며

기차를 기다리며 … 14

역에게 … 16

그리고 역에게 … 18

불면 … 20

지하역에서 … 22

단말기 … 24

역 등 … 26

역의 고백 … 28

그 역을 찾아서 … 30

녹슨 못 … 32

노선도 … 34

계단 … 36

중절모 … 38

요람을 찾아서 … 40

손 … 42

어느 행로 … 44

등산화 … 46

임산부 … 48

3분 증명사진 ··· 50

여사님들 ··· 52

2부 차창을 흔드는 어둠

늙은 개 ··· 56

빈 지하철 ··· 58

유모차와 휠체어 ··· 60

카네이션 ··· 62

창 밖의 눈 ··· 64

하얀 리본 ··· 66

달 ··· 68

바퀴 ··· 70

성 ··· 72

무릎 자리 ··· 74

상처 ··· 76

초승달 ··· 78

꽃다발 ··· 80

프리지어 ··· 82

개와 모란 ··· 84

휴대폰 … 86

손 … 88

흑과 백 사이에서 … 90

우산 … 92

잡담 … 94

3부 정전

나비 … 98

줄 … 100

숲 … 102

정전 … 104

그 손 … 106

어둠에게 … 108

기념사진 … 110

꽃 소꿉 … 112

그런 사랑 … 114

또 그런 사랑 … 116

그래서 그런 사랑 … 118

삼인행 … 120

하여 삼인행 … 122
삼인행 또 삼인행 … 124
야 삼인행 … 126
다시 삼인행 … 128
홀로 삼인행 … 130
오래된 샘 … 132
매미 소리 … 134
침묵에게 … 136

4부 사람 찾기
어둠의 냄새 … 140
어둠의 눈동자 … 142
소쩍새 … 144
어떤 이유 … 146
비결 … 148
또 비결 … 150
사람 찾기 … 152
그리고 사람 찾기 … 154
또 사람 찾기 … 156

가방 … 158

구두 … 160

유민 … 162

다음 유민 … 164

그 다음 유민 … 166

유민 이후 … 168

종이배 … 170

게임 … 172

체험학습 … 174

착한 체험학습 … 176

고래잡이 … 178

5부 보리밭 역

지하행 … 182

개울에게 … 184

어느 소설가 … 187

어느 화가 … 190

빈 역의 독백 … 194

기별 … 196

종착역 … 198
그리고 종착역 … 200
보리밭 역 … 202
첫차 … 204

독자에게 … 206

1부
기차를 기다리며

기차를 기다리며

초닷새 달빛 아래
먼 산은 잠들어 꿈에 젖는데
막차가 사라져 간 고요 속에
역은, 홀로
흐린 가로등불 밝히고 있다

풀벌레 소리 담장처럼 에워싸는
빈 가슴에
가득히 고여 오는 바람
역은,
기차가 흘리고 간 붉은 쇳내를
모으고 있다

식어 가는 레일 위에
이슬은 맺고 또 젖고……
깊어 가는 어둠을
역은,
흐린 불빛으로
씻어 내고 있다

네가 오면
너보다도 먼저 레일 따라
아득히 네 몸 뒤척이는 소리 두근거려 오리
그 소리
바람처럼 왔다가
바람으로 사라질
전율의 시간들을 기다리고 있다

기차가
오던 곳으로, 사라져 간 곳으로,
바람은 어지러이 불어 오고가고
비어서 바람 가득한
역은, 홀로
바람을 다스리고 있다

역에게

너의 빈 가슴을 더듬고 있다
기차는
숨 막히는 설렘으로 왔다가
마른 가슴 속 그을려 놓고 가는
한 아름의 불길
그을린 너의 가슴을 아득히 더듬고 있다

다리를 건너고
마을을 지나고
굴을 벗어난
그 어디쯤
빈 가슴속에 강철 레일 깔아 놓고
바람의
빈집으로
서서 기다리는 너,
육중한 설렘의 네 어깨를 더듬고 있다

레일이 남아 있어
버릴 수 없는 꿈

마지막 한 줌 재가 될 때까지
활활 불사르는 꿈
뜨거운 설렘을 길들이는 길 위의
빈집들
문을 닫아걸어도 등불을 꺼도
잠들지 못하는 지상의
빈 가슴들

무서리 내려 얼어붙는 이 밤
그 내 까만 가슴을 더듬고 있다

그리고 역에게

내 속을
너에게 보낸다
내 속에 고이는
눈물의 샘들을
너에게 보낸다

너와 나를 잇는 레일, 아니
깎이고 녹슬어 가는 이 핏줄이
남아 있는 한
끊임없이 나는
내 속을,
송두리째,
도려내어,
너에게로 보낼 것이다

핏줄 흥건히
노린 쇳내를 흘리며
내가 채운 이 꿈들을
너에게로 보낸다

누군가 나에게로 보낸
향수 묻은 욕망들은
내가 걸러
길 위에 버리고
내 안에 오래 고여 온
이 눈물의 샘들만
너에게로 보낸다

너와 나 사이
단풍 붉은 호수 하나 들어설 날을 위하여
나를
너에게 보낸다

불면

갈 곳 없는
목숨 하나
잠을 청하고 있다

밤이 오면
내 육신밖에 숨어들 곳이 없는
목숨 하나
시린 불면을 뒤척이고 있다

눈치를 살피며
눈길을 피하며
온종일 거리를 헤매던 헝클어진
눈빛이
쏟을 수 없으므로
고여 들 수밖에 없는 이승의
눈물이
이불을 적시고 있다

젖어서 날 수 없는

날개가
내 이 오래된
상처가
내 육신 곁에 나란히
밤을 앓고 있다

이산으로 살아가는
목숨 하나
밤을 헤집고 있다

지하역에서

입구로 들어선다
어둠에 젖은
지하로 내리꽂힌
입구,
가파른 계단이 아득히 펼쳐지고

이승 밖으로 난 길도 이러리라
유령처럼 에워싼
어둠이 촉수를 뻗어 나를 녹이고
서서히 내 종말의 시간이 오고
나 또한 그 속에
어둠으로 녹아 버리고

어둠에 녹지 않고는
벗어날 수 없는 이
지하의 시간
어둠 속에서도 바람은 살아 있어
바람이 온다

바람이 오가는 곳엔 늘
길이 있었으니
어디론가 열려 있으리라
너에게로 가는 길
햇살 아래 작은
구절초 언덕처럼 기다리고 있을
나의 역이여,

어둠은 늘 제 한쪽이
빛이었으므로
어둠의 강 저편 산기슭
연보랏빛 꽃잎들 흔들고 있을
나의 집이여,

단말기

단말기가
단번에
나를 스캐닝한다

어머니
내 언 볼을
그 붉어진 언 볼로 내 외출을
한눈에 읽어 내듯이,
내 충혈의 눈을
그 붉어진 충혈의 눈으로 내 바깥바람을
한눈에 읽어 내듯이,

기차가
나를 받아 안는다
아랫목 이불 속에 언 나를 묻고
볼기를 다독거리며
찬바람을 녹이듯이,
충혈의 눈자위
눈물이 말라붙은 내 볼을

어루만지듯이,
잠들거나 잠든 척하는 시간,
문틈으로 남은 햇살이
방바닥 깊이 침으로 꽂히는 시간,
다독이는
손길이
햇살 침처럼 나를 마취시키는 시간,

꿈꾸는 역의
기차의
깊이를 잰다

눈을 감은 채 내가
그녀를 스캐닝하듯이,
채 눈도 못 뜬 짐승이
어미의 젖을 찾아가듯이,

역 등

들길 아득히
안개가 가라앉듯
밤이 가고 있다

눈에서 멀어지면 마음에서도 멀어진다는데
눈에서 멀어진
기차를
마음에 붙들고 기다리던
역, 가로등
밤새 우두커니
핏발 선 눈으로 서 있던
역, 가로등
어둠 속에서도 그리도 형형하던
불빛
그 기다림이 삭고 있다
그 형형한 눈빛이 삭고 있다

아니다,
기다림이 여물고 있다

한줌 재 앞에 영결의
눈물,
그 이승의 눈물이 겉으로 마르면
가슴에 들어
못으로 박히듯
삭아 가던 가로등
불빛, 다시
유리알이 되고 있다

흙바람에도 깜짝 않고 지켜보는
수정의
눈동자가 되고 있다

역의 고백

네가 그렇게
어린아이처럼 소리치고 뛰어들면
나는 너를
어린아이처럼 깔깔거리며 얼싸안는다

네가 그렇게
꿈처럼 숨 가쁘게 밀려오면
나는 너를
신바람에 젖은 선머슴처럼 안아 뒹군다

네가 그렇게
도둑처럼 헐떡거리고 달려들면
나는 너를
도둑처럼 샅샅이 훔친다

네가 그렇게
악마처럼 까맣게 덮쳐오면
나는 너를
악마처럼 이빨을 세워 마신다

오직 내 기다림의 전부인
기차여,

네가 그렇게
죽음처럼 숨을 내려놓으면
나도 너를 그렇게
죽음처럼 숨 놓아 안는다

그 역을 찾아서

날마다 걸어도
무시로 헛디디는 계단을 내려가고
날마다 찍어도
안 열릴까 조바심하는 개찰구를 지나고
날마다 보아도
눈빛이 마주치지 않는
그 여인의 가판대에서 김밥을 사 들고

기차에 오른다
날마다 와 서도
늘 주춤거리는 기차
날마다 열고 닫아도
늘 제 문을 덜컹이며 여닫는 기차
접점이 생기지 않는 시선들 사이에
닫힌 시선 한 점

기차에 섞인다
역을 찾아서
아스라이 실루엣만 보아도

가슴이 두근거리는,
그 속에 내리면
포근히 녹아 사라질 것만 같은,
그 내 역을 찾아서

기차가 된다
가을 빛 속에 독한 사랑 가득 담고
노란 실루엣으로 흔들리는
은행나무 같은,
지상 어디쯤엔가
이승의 마지막 집이 되어 서 있을,
오늘도 나의
그 역을 찾아서

녹슨 못

지폐를 넣는다
녹슨 못이 그려진 차표를 위하여,

그대에게로 가는 길
두 눈을 부릅뜨고 가도 결국
그대에게 이르지 못하는 길
낯선 간이역에 내려
잎 진 가지들 사이
석양이나 그리다 말 길이라는 걸 알면서도
자판기에 지폐를 넣는다

구겨진 그리움들이
오랜 지갑 속에서
손금으로 잠든 지폐
손금을 읽어
비밀처럼 표를 내려놓는 자판기
너를 찾아가는 비밀을
그는 몇 번이나 더 읽어 줄까
아니 내 남은 날은

그리움의 손금을
몇 번이나 더 내밀 수 있을까

자판기가 소리 없이 내려놓는
차표 한 장을 쥐어 든다
산화된 핏방울로
한복판에 곧은 암호를 그린 차표
그렇게 내 길도
말라붙은 핏자국이 되리라는 예언 같은
차표를 내 손금으로 감싸쥔다

녹슨 몸통만 남은 녹슨 못의 길을
가슴에 긋는다

노선도

차표를 들고
너에게로 가는 길을 찾다가
노선도 어지러운 망 속에
하루살이가 되어 갇힌다

……흙의길과풀들의길과꽃구름의길과피의
길과강물의길과길과길과……
이렇게 얽히고 얽힌 거미줄
길들의 이승
너는 그 어디쯤에 피어 있느냐

사랑아,
너를 향하여는
저 뜨거운 피의 길을 가야 하느냐
저 서늘한 강물의 길을 가야 하느냐
이 하루살이의 약한 날개가
길의 거미줄 망에 점점 조여들고 있다

붉은 길도

푸른 길도
그 어느 길도
결국엔 만나고 또 만나면서 종점으로 가는데
어지러운 도면 앞에
내 눈은 점점 난시가 되고
또 흐려지고……

……흙의길과풀들의길과꽃구름의길과피의
길과강물의길과길과길과……
난시의 눈에 비치는 이 거미줄
길 섞임
결국 또 나는
저 백지의 벽으로 물러나야 하느냐

계단

누우 떼 속에 끼인 누우가 되어
간이역
돌계단을 오른다
허공을 자르고 선 돌계단
저 바깥은
풀들도 이미 시들어 바스러진
황야라는 걸 알면서도
강 언덕 벼랑 같은 계단을 오른다

왜 하필 백팔 계단일까
길고 긴 강물 빛 노선의 중간쯤에 선
이 간이역 계단은,
에스컬레이터는 고장 난 채 먼지에 덮여 있고
쉰일곱을 지나 쉰여덟 쉰아……
누우 떼 발굽 소리에 밀려 계단을 오른다

무거운 발굽들이
한 계절을 새기듯
앞서서 또 뒤서서 무인을 찍어 대는

돌계단
살얼음에 발목을 뒤치면서
이미 관절이 아픈 몸들,
젖은 털가죽을 비비며 찢기며
악어 이빨 같은 바람에 끌려 올라간다

네가 없는 저 허공은
이미 풀들도 시들고 마른
황야라는 걸 알면서도
간이역
턱에 차오르는
목숨을 오른다
너를 찾아 헤매다 죽을
내 목숨이
백팔 돌계단 그 중간쯤을 오른다

중절모

중절모 아래 귀밑머리
무서리처럼 엉겨 있다
고운 손때가 묻은 모자
코를 쥐어 벗으면
두어 낱 남은 머리카락
아직도 제 결을 고집하며 은빛으로
눌려 있을 것이다
주름 풀린 바지에
무릎 종지뼈가 유난히 솟고
그걸 달래듯 감싼 손
창백해서 더 깊은 주름들을 가로질러
검푸른 핏줄들 솟아 있다

일호선의 끝
온천으로 가는 길일까
말벗을 찾아
공원으로 가는 길일까

잠자리 날개 같은 손등에

온천수를 입히듯
손이 손을 어르다가
건너편 물 오른 입술들 볼들
흘끗거리다가
안내 방송이 못 미더운 듯
창밖을 보다가
말뚝 대가리처럼 불거진
종지뼈를 다시 감싸다가
중절모 아래
시선을 거두어들인
눈주름 아래
볼까지 깊어지는 입가 주름들
아직도 보리밥알처럼 올강거리는
그 무슨 말이 입안에 남은 듯
오물거리고 있다

요람을 찾아서

삐걱거리는 허리를 기댄다
엄마 품에 아기 깊은 잠
자던 자리에,
아기 볼도 엄마 볼도 바알가니
달았던 자리에,

내릴 곳은 아직 멀어
아기의 그 흔들림 없던 잠은 자꾸 그리워
남기고 간 엄마와 아기의 바알간
체온에 기대어 눈을 감아도
자꾸만 흔들리는 잠
전차가 흔들기 전에
내가 흔들리는 잠

언제부터 나는
그 품을 잃었을까
알 속보다 고요한
바알간 품
햇살도 고요한

수련들의 연못
언제부터 나는 또
그 품을 찾아 헤맸을까

전차는 알처럼 나를 품고 가는데
레일의 장단도 나를 다독이는데
들리는 건 소음뿐
부딪히고, 삐걱거리고, 덜커덩거리고, 밀어내고,
시선이 시선에 찢기는
비명들 뿐

찡하니 저려 오는 허리를 달랜다
남기고 간 엄마와 아기의 바알간
내음에,
흐린 차창에 아지랑이로 엉기는
그 내음에,

손

손이
손을 잡고 있다
백발의 어깨가
백발의 어깨를 받고 있다
노환일까, 이따금씩
하얀 여인의 입술에 파리한 경련이 지나간다
그때마다
손 안의 손도
손 밖의 손도
오므렸다 펴지고
쥐었다 펴지고

손이
손에게 속삭이고 있다
꽃잎이 화르르 쏟아지던
불의 봄을
빗줄기가 체온과 체온을 잇던
물의 여름을
아직도 이 창백한 피부가 되새김질하고 있노라,

손에게
손이 고백하고 있다

역이 가까워 올수록 전차는 자꾸만 주춤거리고
주춤거릴수록 무명 빛 어깨들 더 흔들리고
흔들릴수록 더 자주
오므렸다 펴지고
쥐었다 펴지는
손 안의 손
손 밖의 손
긴 선로 위의 저녁나절이
손과 손에서 촉촉이 녹고 있다

어느 행로

잊은 채 가고 있다
아름드리 차돌덩이로 치듯
길 저 아래에서 심장을 겨냥해 오는
간단없는 바퀴의 진동
가쁜 숨으로 몰아쳐
치고, 치고, 치고
마침내 그 치는 소리 이명인 양
잊어버리고

잊은 채 가고 있다
이번 역에서는 혹시나
이마가 맑은 그 사람
심해 빛 눈동자를 들어 날 바라볼지도 몰라
문이 열리면 그저
낯설고 낯선 사람들
바람 냄새를 둘러쓰고 들이닥치고
그러다, 그러다
뒤섞이는 얼굴 속에 그 눈동자를
잊어버리고

잊은 채 가고 있다
복권을 사듯 무작정 어느 중간 역에 내려
그 눈동자 찾아 나서리, 하는 생각
그 생각이 나를 삼켜 나를
잊어버리고

잊은 채 가고 있다
흔들리고 흔들리면서 그 흔들림 속에
흔들리지 않으려는 내 몸을
잊어버리고
마침내 나마저 눈감아
내려야 할 역마저
잊어버리고
잊은 채 가고 있다

등산화

겹겹이 주름 깊은
등산화가
노약자보호석 아래 쉬고 있다

오늘은 어느 산을 올랐을까
빙벽 석벽은 아닐 듯
기어오르는 악산도 아닐 듯
그저 사람들 오가는 그림자 한눈에 드는
늙은 씨받이 쇠잔등 같은 안산, 아니면
아름드리 굴참나무 붉은 잎들 하늘을 가린
능구렁이 같은 숲길 어디쯤일까

풀잎과, 가시덤불과,
비와, 눈과, 얼음과, 바람과,
흙과, 돌과, 또 모진 돌부리와,
쓸리고, 짓이겨지고, 멍들고,
씻고, 말리고, 삭인
자국들, 주름들

산에 오르는 일이
제 이름이라서
제 이름을 살고 온 하루가
고즈넉이
졸고 있다

발이 다 된
등산화가
잠들어 혼곤히
흔들리고 있다

임산부

봉긋,
아랫배
아가씨일 듯 새아씨일 듯
바알간 자랑을
온몸으로 받치고 있다
벚꽃잎들
화르르
바알간 황홀로 날고
꽃잎보다 더 붉은
꽃받침
초록 물 같은 버찌를 안고 있듯

미끄러지듯 조용히 기차는 달리고
봉긋,
젖가슴
바알간 자랑을 감추듯 숨을 고르고
봉긋,
두 볼
바알가니 자랑이 부끄러움처럼 번지고

총총,
속눈썹
젖은 듯 마른 듯
펼쳐 든 시집을
가만히 내려다보고 있다
벚꽃잎들
사르르
바알간 희열로 내리고
꽃술들
꼿꼿이
초록 빛 비취 보석을 지키고 있듯

실은, 시집 아래
봉긋,
바알간 평화를
촘촘히 둥글게 지키고 있다

3분 증명사진

나는 나인가
자동사진기
그녀 앞에 앉았네

숨을 고르며
머리카락을 쓸어 올리고
또 숨을 고르며
붉게 두근거리는 의문을 누르고
다시 한번 숨을 고르며
단추 위에 떨리는 손가락을 올려놓고……
그녀에게 나를 보냈네
아예 숨을 멈추고
죽은 듯 굳은 나를 보냈네

나를 스캔하는 그녀의 숨소리
3분, 그래, 꼭 3분간의
과녁을 향해 날리는 활시위 소리 같은
녹슨 스프링의 연동 소리 같은
짧고도 긴 검색의 숨소리

마침내 그녀의 숨소리가 원색으로 내려앉고
그 위로 내 숨소리가 원색으로 덮이고……

오, 꼼짝없는 이 증명!
숨소리의 색깔들이 날아가지 않는 한
한 치도 의심할 수 없는 절대 증명이네
이불 속에서도 집안에서도 길거리에서도
아니 지구 어느 곳에서도, 하여
나는 나가 되었네

나는 진짜로 나란 말이네

여사님들

다이아 박은 금테 안경, 눈부시다
눈주름 위에 눈부시다, 회장님
안경이 화장을 뭉개며 흘러내리고,
호박처럼 부풀려 올린
흑갈색 머리칼, 여사님

그냥 기사를 부를 걸 그랬나봐, 회장님
이런, 이런, 이런,
이 천금같은 시간을 괜히 보내는 줄 알아?
노다지가 굴러 다닌다구!
저 봐, 잘 보라구!

바람에 휘청거릴 때마다
빤질빤질한 머리 밑이 반짝거리고,
빨간 꽃무늬 손수건으로 반쯤 가리지만
시든 호박꽃잎 같은 웃음
한참 흔들거리다가
오물거려 치아들 제자리를 다시 다잡고,

회장님은 역시 다르셔,
애저녁에 청와대로 가셨어야 할 분인디,
그러니 건강 챙기셔, 팔순을 바라보는디,
인생은 의지여, 백년이야 넘겨야지!
의사가 없나, 헬스기구가 없나,
얼마나 좋은 세상이여!
눈만 크게 뜨면 다 내것인디!

코 평수가 커지는 회장님,
잠으로 짜증을 달래 보려는 사람들을 둘러보다가
미끄러지는 안경을 밀어 올리다가
흑갈색 가발 여사님 무릎을 치면서

저, 저, 조는 꼴들 좀 보라구!
낙오자가 따로 없다니께!

2부
차창을 흔드는 어둠

늙은 개

눈을 뜨긴 했을까
털이 젖은 듯한 강아지 한 마리
여인의 품에 안겨 잠들어 있다
출입문이 열리고 닫혀도
그저 깊은 숨 쉬며
어미 품에 안긴 듯 잠들어 있다
주머니에 넣고 다니고 싶은
가끔씩 꺼내서 코끝에도 대 보고 싶은
강아지

강아지 위에 낯선 그림자가 어른거린다
털이 빠진
앙상한 대가리를 무겁게 늘어뜨린
어깻죽지 뼈가 볼강거리는
관절이 삐걱거리는
늙은 수캐
온종일 누워 있다가
먹이 냄새를 따라 삐걱삐걱 걷다가
또 빈자리 찾아 누워 있다가

짖는 대신
처박은 대가리 들지도 않고
눈만 뜨고 눈알을 굴려 보는
늙은 수캐

저 잠에 빠진 강아지가 늙은 수캐가 되었을 때
저 어미 같은 여인은 몇이나 될까
굽고 삐걱거리는 그 수캐의 등뼈와
저 여인의 휜 등뼈가
나란히 굽어져
쓰다듬거나 눈을 맞출까
아니면 그 한편의 빈자리를 흘긋거리며 찾을까

빈 지하철

빈 지하철에
실려 간다

오월의 첫날 노동절
드디어 노동들은 노선에서 탈출하고
어둠만이 차창을 흔드는
지하철에 나는
실려 가고 있다

궤도를 벗어난 그들은
라일락 향기 아래
보랏빛 웃음으로 분분할 것이다
노선 밖에서 그들은
연둣빛 계곡 물에
새 물 오른 풀잎으로 잠방거릴 것이다
시간 밖에서 그들은
오월의 갯벌에
눈부시어 들어설 수 없는 빛의 가슴에
아지랑이 가쁜 숨으로 어지러울 것이다

마침내 그들은
향기가 되고
물이 되고
갯벌이 될 것이다

너의 가슴은 먼 곳에 있어,
오월의 갯벌 같은
눈부시어 들어설 수 없는
빛의 그 가슴은
아직도 너무 먼 곳에 있어
내릴 수 없는 노동절
깜깜한 이 노선

무덤 속 같은 이 자리
흔들리며, 흔들리며, 실려 간다

유모차와 휠체어

아이의 엄마 아빠인 듯
반바지에 야구 모자를 쓴
종아리 털 많은 사내와
사내에게 기대어 잠이 든
흰 매니큐어 손톱이 유난히 긴 여자

그 앞에
첫돌은 된 듯한
아기
유모차에서
우유병 고무젖꼭지를
빨다가 씹다가 두리번거리고 있다

그 비켜 앞에
도우미에 밀려 나들이 나온
노파
도우미는 자리에 앉아 잠을 청하고
휠체어에서
생수로 이따금 마른입 축이면서

아기와
눈 맞춤 하고 있다

지하철 문이 열리고 닫힐 때마다
사람들 옷깃에 툭툭 채면서
하차 역 안내 방송이 나올 때마다
소스라치듯 귀를 기웃거리면서
가끔은
두 시선을 가리는
사람들
다리, 다리 사이를 기웃거리면서

카네이션

무너져 내린 가슴을 가리기라도 하듯
카네이션을 꽂고,
효성양로원 할머니들
이따금 저 건너편
혼자 앉은 노인들을 흘끔거린다
일년에 단 한 번,
꽃을 받는 날
삼백예순나흘을 예비하고 예비하여
카네이션에 새 옷을 입은 노인들을 흘끔거린다

꽃을 달아야
부끄럽지 않는 날
혹, 남 몰래 사서 달고 나왔는지도 몰라
양로원 할머니들, 어쩌면
자식의 살인 누명을 감추려고
제 명치 깊이 비수를 찔러 넣은 아들의 손가락
잘린 손톱을 죽음과 함께 삼켜버린
영화 속 그 노모처럼
이웃 동네 꽃가게에서 아무도 모르게 사온

카네이션일지도 몰라

아직은 목청이 카랑카랑한
양로원 할머니들
텅 빈 웃음으로 앉아 있다
금세 시들어 버릴 것만 같은,
카네이션,
연분홍 꽃잎을 손끝으로 일으켜 세우면서
어서 가야 해,
눈이 자꾸 침침해져,
누렇게 절은 휴지로 눈가를 훔치면서
효는 마음이고 정성이여,
하루 치장만 해 주면 단감,
종점이 다가오는 흔들리는 찻간에서
왠지 목청이 더 카랑카랑해지면서

창 밖의 눈

라일락 꽃잎 흩날리는 세상은 아니었다
덜컹거리며 지하를 벗어나자
먹장구름에 덮인 벌판엔
쏟아지는 눈

하얀 세상 저 벌판을
무작정, 무작정,
나란히 걸어
고치 같은 초가지붕
빈집에 든다면
하고, 그림을 그리다가 피식 웃다가,

눈으로 지은 눈부신
고치 집
눈물 맺힌 네 눈썹을 아랫목에 안아 누이고
영원히 깨지 않는
하얀 잠이 된다면
하고, 또 그림을 그리다가 피식 웃다가,

날개 꿈도
나는 꿈도
한 점 없이
주름에 주름을 기대고 부비며
그저 영원한
번데기로 눕는다면
하고, 또다시 그림을 그리다가 실소를 해 버리고,

퍼붓듯 쏟아지는 눈
육중한 쇠바퀴도 레일도 묻어버린 눈
결국 멈추어 서고 마는 지상은
햇살 아래 익어 가는 보리밭이 아니었다

하얀 리본

소녀의 머리 위에
하얀 나비 한 마리
앉아 있다
바퀴가 레일 마디를 지날 때마다
나비 나래에
전율이 인다

고요한 연못에
하얀 연꽃 한 송이
돋아 있다
잉어 꼬리가 흔들릴 때마다
꽃잎 언저리
파동이 인다

금잔디 소복한 봉분 위에
민들레꽃 홀씨
하얗게 앉아 있다
금잔디 틈으로 실바람이 흐를 때마다
꽃대 허리가 아슬아슬 기울다가

쨍, 오월 햇살에
다시 서곤 한다

꽃대 허리가 저리
기울다 다시 서고, 기울다 다시 서고,
그런 날들 뒤엔
하얀 관모들
제 씨앗들을 달고
비행할 것이다

소녀의 마음 구석구석에도 촘촘히
날아들 것이다
싹을 틔우고
잎을 키우고
잉어에 흔들리는 연꽃처럼
기차에 흔들리는 나비처럼
꽃을 피울 것이다

달

달을 보며 간다
차창에 뜬
창백한 이마, 아니
눈자위가 자꾸만 흐려지는
초점 잃은 눈동자에 내 마른
마음을 담고 간다

저만치 야수 같은 가로수가
삼키고 또 낳아도
여전히 제자리
풀어질 듯 고여 있는
달

달이 머문 어디쯤
기차는 머물 것이고
길이 끝나도
긴 밤
달은 차창을 지키고 있을 것인데

저만치 산짐승 같은 빌딩이
삼키고 또 낳아도
여전히 제자리
흐를 듯 고여 있는
달

그 한가운데
바스러질 듯 서걱거리는
내 마음을 담고 간다

가벼워져 더욱 흔들리는
기차 안에서
흔들리며
달을 산다

바퀴

레일에서 레일로 이어질 때마다
바퀴는
제 관절 마디마디에 쓴다
사람들 이름
하나,
또 하나를

그 역에서,
그 역에서,
또 그 역에서, 오른
반듯한 가르마에 동정이 유난히
하얀 사람
담배 냄새인 듯
땀 냄새인 듯
어깨가
무거운 사람
마름질에, 다림질에,
쉰도 안 되어 팔다리가
삐걱거리는 사람

찔레 냄새인 듯
솔잎 냄새인 듯
그 사람

흐르는 레일 위에 흐르다 가는
장삼이사의 이승
내가 그 이름 하나하나를 읽으며 가듯

레일에서 레일로 건널 때마다
바퀴는
제 몸 구석구석에 쓴다
콩, 콩, 쉼표를 찍으며 쓴다
대통령도 아닌,
선량 나리도 아닌,
그저 이름들
하나,
또 하나를

성

블록을 쌓는다
엄마 무릎까지 빌려 블록 그릇을 벌여놓고
성을 쌓는다
기차가 흔들어 무느면 토대부터
다시 세우고
또 무느고
또 다시 쌓고
긴 성벽도 없는
성을 쌓는다

모래성은 모래성이라서
쌓다가도 금방 허물어져
다시 쌓고
어제의 성보다 길고 높고 더 눈부시기 위하여
다시 쌓고
한나절을 매달려 쌓던
모래성
그제야 자랑이라서
가다가 돌아보고

가다가 돌아보고……,
그 성들도 결국 무너지고 말았지
소가 밟거나
다른 녀석들이 짓뭉개거나
그것도 아니면 바람에, 비에
그것도 아니면 불어난 개울물에
밑바닥도 없이 사라져 버리곤 했었지

드디어 블록의 성 위에
별 깃발이 휘날리고
아이는 성을 들고
찻간을 맴돌고……,
보아주지 않는 제 성이 미워진 것일까
무느기 위해서 쌓았던 것일까
블록들 집어 던지듯
풀어헤쳐 버리고
성 대신 장검을 휘두르고……,

무릎 자리

어머이 냄새를 더듬으며
무릎베개 베고 잠든 날이
내게도 있었었지

깨어 보면
맨바닥이거나
짚 베개 모서리였지만
무릎베개에서 잠든 날은
꿈도 나비처럼 가벼웠었지

젊은 녀석 무릎에
젊은 처자 앉아 간다
처자의 허리를 껴안고
처자 등에 얼굴을 묻고
젊은 처자에게
젊은 녀석 업혀 간다

아예 종점으로 가는 듯
정차 역 안내에도 눈 뜨지 않고

앉아 업혀서
잠들어 있다

자리는 하나인데
둘이서 앉는 법을
참으로 현명하게도,
그들은 언제부터 터득했을까

어머이 무릎베개는
깨어 보면 없는데
저 무릎 자리는 저리 언제나
같이 잠들고 같이 깰까

서서도, 앉아서도 한 사람 자리는 하나인데
온 자리가 텅텅 비어도
저 둘의 자리는 끝까지
하나일까

상처

진눈깨비가 내린다
진눈깨비 발자국들이
기차 가슴에 상처로 얼룩진다
누구도 씻어 주는 이 없는
기차는
저 상처들 안은 채
아픈 기적소리 쏟으며
바다 같은 종착역까지 참고 가야 할 것이다

바다 곁에
모래밭
뜨거운 여름의 손길, 발길
할퀴고 짓밟힌 생채기들 앓고 있는
모래밭
바다가
간단없는 거품 손으로
문지르고 씻고
씻고 문지르듯이
그렇게 바다가

가을을 씻고
또 긴 겨울을 씻고
이따금 비도, 바람도
또 그렇게 씻어 주듯이

그렇게 밤이 새도록
역은
저 젖고 얼룩진 상처들
씻어 줄 것이다
봄이 오면
해변은 또
속살 같은 새 살결 위에
하얀 조개들을 키우듯이
아침이 오면
기차는
첫닭 같은 목청으로 길을 부를 것이다

초승달

그렇게만 있어 다오
자리가 비어가는 이
차창 안
시든 고사리처럼 구겨진
나와
그렇게 눈 맞춤으로만 있어 다오

막차에 실려 어둠에
떠가는 이 밤
초승의 하늘에 은지환으로
네가 돋은 이 밤

그렇게만 흘러 다오
네 모습
은비늘로 부서지는 강물 위에
그림자로 따라가는
나와
그렇게 글썽이는 눈짓으로만 흘러 다오

늦은 밤
전차는 딸꾹질로 가고 있는데
강 너머
공동묘지 아래로
안개는 자욱이 또 강이 되고
안개 속으로
내가 사라지면
너는 홀로
어둠을 건너야 하는데

그렇게만 있어 다오
흐려지는 차창을 손으로 지우면
웃는 듯 우는 듯
깊어지는
은빛
그렇게 아련한
눈짓으로만 있어 다오

꽃다발

결코,
결코,
결코,
포기하지 마라

그 어느 말 잘하는 이의 말을
흔들고 있는 걸까
검은 오버 자락 위에
감청 빛 융단 표지의 졸업장
무슨, 무슨 부문 세계 일위를 지향한다는
그 대학
상표인 양 흔들리는 그 위에
시린 장미 송이들을 감싼 안개꽃
말없이 흔들리고 있다

감은 눈 속눈썹에도 이따금씩
가벼운 떨림이 이는데
감청 빛 바다 아니,
감청 빛 하늘

그 어디쯤을 건너고 있는 걸까

포기하지 마라, 결코
가도, 가도 어둠뿐인 지하의 레일은
결코,
결코,
결코,

깊게 감은 눈들을 깨우는데
깨울수록 더욱더 많아지는
감은 눈들 사이에서
안개꽃,
레일을 건널 때마다 경련이 일듯
흔들리고 있다

프리지어

빛깔이 당신의 마음 살 같다고,
내음이 또 당신의 눈빛 같다고,
그리 내밀고 싶은 것
프리지어

팥죽색 입술 앞을 오르내린다
가슴이 도드라지도록
샛노란 내음을 들이마시다가
팔을 반쯤 밀어
샛노란 꽃잎 속을 들여다보다가
여남은 송이
팥죽색 입술을 가렸다가 열었다가
면도 자국이 파르스름한 사내의
코밑에도 닿았다가

빛깔이 당신의 숨소리 같다고,
내음이 또 당신의 눈물 같다고,
그리 내밀고 싶다가도
열흘을 못 가 시들어 누울 일이 두려워

한 번도 사 보지 못한 것
프리지어

두어 정거장도 채 지나지 않아
검은 스커트에 쓰러진다
팥죽색 입술이
사내의 어깨에 기대어 잠들고
면도 자국이 파르스름한
사내 혼자
시든 눈을 감다가 뜨다가 보고 있다
쓰러진 프리지어
흔들리고 흔들리는
검은 스커트와 하얀 무릎 사이에
숨죽는,
샛노란,

개와 모란

개도 지하철을 타는 아름다운 나라
품에 안긴 강아지와
젊은 엄마와
아장거리는 아이와
개네 식구들 실랑이를 구경하는 사람들

아이는
제 털모자를 벗어 강아지 모가지에
감아 주고
엄마는
강아지 모가지 털모자를 벗겨 아이에게
씌워 주고
아이는 감아주고
엄마는 벗기고
사람들은 웃고
얼굴이 빨개지는 아이
춥단 말이야
강아지가 답답하잖아

언젠가 그런 일도 있었지
대여섯 살 아이만큼 자란
담장 아래 모란에 우산이 씌워 있었는데
아버지 왈,
누가 우산을 비 맞히고 있냐고
누이 대답 왈,
모란이 비 맞아서 씌워 주었다고
우리들은 키득거리며 웃었고
아버지는 헛기침으로 돌아서시면서 왈,
비 맞고 자라는 게 나무라고
그래도 우산은 치우지 않고
그냥 사랑채로 가셨었지

아이는 기어이
강아지 모가지를 감아 놓고, 아니
엄마가
눈을 내리감고 자는 척하고
개도 지하철에서 털모자 목도리를 하는
아름다운 나라

휴대폰

그는 지상 최고수 검객이다
보이지 않는 빛의 비수를 들이밀어
수만 명의 스크럼도 깍두기 썰듯
토막을 친다

스크럼이 문제가 아니다
사랑의 납으로 땜질해 놓은 저 젊은
사내와 계집
눈 깜박할 사이에
토막을 내는 솜씨를 보라
녹아 붙었던 어깨가, 팔이, 손이
떨어져 나가고
계집이 그의 음성에 포로가 되는 동안
사내는 떨어져 나온 자리마다 쓰린
바람을 느끼며
눈만 껌벅이는 몰골을 보라
긴장도 아니, 무관심도
그의 적수가 될 수 없다
보이지 않아서 무섭고

부드러워서 더 무서운
그의 비수

이젠 당신 차례일지도 모른다
살갗에 와서 가벼운 진동을 일으키다가
머리는 머리대로
가슴은 가슴대로
아니, 당신의 팔다리 손가락 할 것 없이
모조리 토막을 내 버리는
그의 비수
하지만 더 무서운 게 있으니
토막이 나고도 아무렇지 않게
활보하고 다니는,
그를 능가하는 또 다른 최고수를 기다리며
그렇게 점점 조각조각 다져지는,
그래서 마침내 검객의 요리가 되어 버리는,
오, 불사의 초인
당신

손

오뉘일까 연인들일까
손잡고 앉아서 간다
고요히
환히
바람 한 점 없는 옹달샘처럼
고여서 간다

손이 손에게
손에게 손이

손화로가 되었다가
손그릇이 되었다가

손거울이 되었다가
손저울이 되었다가

손공책이 되었다가
손벼루가 되었다가

손장단이 되었다가
손풍금이 되었다가

손도장이 되었다가
손수건이 되었다가

연인일까 오뉘일까
손과 손이 간다
말갛게
깊게
구름 한 점 없는 하늘처럼
손샅이 손샅을 채워서 간다

흑과 백 사이에서

어느 역으로 가고 있을까
이마가 맑은 여인
손거울을 보듯
작고 도톰한 책을 보다가
흘러내린 머리카락을 쓸어 올린다

검은 바다에 흰 물결이 일듯
쓸어 올리는 손가락 사이로 하얀
길이 나다가
이내 검은 머릿결과 어우러지는데……,

검은 짐승으로 살아온
칠흑의 밤길에서
목숨보다 뜨겁던 머리카락
이제는 하나둘 검은 피를 비우고
가벼이 또 맑게
다시 서는 것일까
그래도 가끔은
검은 피 어지러운 마음 들판을

하얀 꽃길을 열어
식혀 가는 것일까

벌써 몇 개의 역을 지나왔는데
미간이 고요한 여인
기차는 가벼이 또 끊임없이 그녀를 흔들고
그녀의 손길이 다시
머리카락을 쓸어 올린다

가을바람에 갈대밭 흰 꽃길이 일렁이듯
쓸어 올리는 손가락 사이로
하얀 미소가 일다가
이내 어우러져 먼 구름 빛이 되는데……,

문득, 하얀
머릿결이 부러워지는,

우산

일기예보에도 없던 비가 오시는가
젖은 사람들
머리 빗물을 묻혀 내고
차창을 거울삼아 얼룩진 화장을 고치는데

목청이 쉰
우산 장수
자, 왔어요왔어요우산이왔어요
산성비황사비에 탈모증피부노화
코감기목감기감기몸살
기천원만쓰시면한방에막아요
예예, 거기아저씨쬐끔만기다리시고요

사내들 손이 머리로 가다가
여자들 흘끔흘끔 앞 사람 얼굴을 훔쳐보다가

우산이 활짝 펴졌다
비행기타고온우산이요
삼단으로접으면아저씨주머니에도쏙들어가는

명품우산기천원기천원짜장면보다싼기천원이요
예예, 거기아저씨지금가요

손바닥만 한 비닐 포장 우산이 가고
기천 원, 기천 원이 들어오고

빨랫줄에 책을 말리던 시절도 있었지
십 리 하굣길을 노박이로 맞으며 오던,
빗줄기가 눈앞을 가로막아도
왠지 가슴이 자꾸만 부풀어 오르던,
괴성을 지르며 훑어낸 포플러 가로수 잎을
허공에 마구마구 뿌려대던,

잡담

달콤한 건
단번에 혀를 사로잡아
포로로 만들지

씁쓸한 건
오랜 시일을 두고
혀를 길들이지

그러니
달콤한 게 그만일세
한방이면 포로가 되니까

그럴까
포로는 도망을 꿈꿀 텐데
포로의 마음도 포로가 될까

그럼
길들은 건 나을까
그저 복종할 뿐일 텐데

허허,
길들은 건 영원을 꿈꾸지
복종이 아니라 소망이니까

하긴
쓴 끝이 은은히 달긴 하더구만
그래서 또 쓴 게 당기고

3부
정전

나비

머리에 흰나비는 어디로 날아갔을까

수십 년을 눈 맞춤으로 보내고도
나비를 꽂지 못하는,
안과 밖으로 산 사람
그 이름이었을까
검은 코트 아래 하얀 치마저고리
여인의 속눈썹이 젖어 있다

서녘 하늘은 황혼으로 붉어질 이 시각
화장기 가신 창백한 볼이 바알가니 상기되고
바퀴의 진동이 흔들 때마다
입술 주름 대신
무릎 위 백합이
셀로판지 속에서 작은 흐느낌을 흘리고 있다

지하철이 가는 곳 어디쯤
공동묘지를 찾아가는 것일까
검은 코트 아래 흔들리는 흰 치맛자락처럼

흰 거품 이는 밤바다를 찾아가는 것일까

머리에 흰나비는 어디로 날아갔을까

그 이름 수십 년을 품어온
저 여인의 깊은 속에
하얀 한 점 돌로 굳은 것일까
하여, 저 여인이 나비 되어 사는 것일까

어쩌면 혹,
살아 있는 내 무덤에도
저리 나비 한 마리 오고 있을까

줄

깜깜한 동굴에 잠시
창백한 빛의 구간이 나타났다
문이 열리는 자리마다 사람들의
줄
입은 굳게 닫혀 있고
제 자리를 지키려는 들짐승의 눈빛들
문이 열리면 저들은 재빠르게
자리를 찾아 안으로 밀려들 것이다

줄을 좋아하는 나라
주위를 둘러보고 어른을 먼저 모시던
촌놈들의 나라가
언제부터 줄이 사람인 나라가 됐을까
세계에서 몇 번째
아시아에서 몇 번째
한국에서 몇 번째
서울에서 몇 번째
동네에서, 학교에서, 회사에서,
몇 번째, 몇 번째, 몇 번째

친구 중에서
가족 중에서
아, 혼자 있어도
몇 번째!
저 줄 중에서 몇 번째 선 이는
몇 번째 역에서 몇 번째로 내릴까
내려서는 또 몇 번째로 문을 들어서서
몇 번째로 깊이 잠들까

줄을 섬기는 나라
직선을 위하여 기꺼이 한 점이 되는 사람들
문이 열리고
자리 앞에서 줄이 무너지고
빈 자리를 점치는 눈빛들이 날카롭다

숲

서서들 간다
가꾸지 않은 잡목 숲
뒤엉킨 나무들
무시로 씨앗들 날아와 뿌리를 내린
가꿀 수도 없는 잡목 숲

잔가지 많은 나무들
숨 가쁜 기차의
흔들림 속에 옷자락 흔들리면서
땀 흘리는 기차의
요동 속에 쓰러질 듯 기울다 다시 서면서
서서 가는 사람들

허옇게 늙은 고목은 주저앉아 가고
약삭빠른 새파란 나무도 제 자리를 잡고
부리가 고운 한 떼의 참새들이 재잘거리는 숲
서서히 허리가 굽어지고
서서히 팔이 꺾이고
굽고 꺾인 자리마다 옹이가 자라는 나무들

서서들 간다
사람은 큰 사람 그늘 아래 자란다고 하지만
이미 사람이 아닌 나무들
잎은 시들고
가지는 무겁고
돌처럼 굳어 가는 수액을 가슴에 담은 나무들

나무들에 갇혀 간다
내릴 역이 보이지 않는
나무, 나무, 나무들
제 가지에 기댄 작은 나무
더불어 서서들 간다

정전

그 검은 갯벌 속도 이러하리라

지하철이 멈추고
전신을 휘감는 어둠
헛기침 두어 낱이 게 구멍을 들락거리고
신문을 접는 소리
몸을 추스르는 소리
부산히 물거품을 일으키는
밀물 드는 갯벌

그래도 고요하기는
피조개 같은 사람
아까부터 눈을 감고 있었던가
그저 검은 숨을 고요히 쉴 뿐
빛 드는 순간을 기다리고 있다

가루보다 고운 펄과 물이 뒤섞인
칠흑의 갯벌 속에서
펄 한 점마저 골라내고

선혈만 낭자하게 제 안에 채우는
피조개
오만 갯것들 펄을 채워 몸 불리는 틈에서
우윳빛 속살
저만의 피
굳은 패각 안에 가두어 채워 가는
피조개인 양

저 고요히 검은 숨을 쉬는
아니, 검은 물 속에서
심해의 맑은 물만 골라 마시고 있는
저 여인, 그 안에는
선혈이 흥건하리라
우윳빛 속살 눈부시리라

안내 방송이 어둠을 찢고
다시 핏기 없는 전등 빛이 밀물처럼 채워졌다
정전은 더 길었어야 했다

그 손

저 손바닥은 얼마나 부드럽고 따듯할까

무릎에 누워 잠을 청하는 아기의 등을
다독이듯 쓸어내리고 있다
무명으로 짠 벙어리장갑 같은
손
목덜미에서 허리로
남실남실 넘쳐흐르고 있다
유월의 햇살 아래 가득한
논물이
잠방잠방 새벽질한 논둑을 어르고 있다

하차 역 방송이
바퀴의 가늘고 긴 비명이
정적을 깨고
지하철이 서고 가고
엄마의 품이 더욱 깊어지고……,

깊은 잠

주먹을 쥐고 배냇짓을 하다
다시 내려오는 아기의
손
가만히 끌어 가슴 아래 재우는
젖처럼 따듯한
손
아기의 등 위에 흐르고 있다
욕조 가득 따듯이 오른
물이
남실남실 목 가슴을 어르고 있다

캥거루 주머니 속에
배냇머리가 까만 아기
젖빛 이마가 젖꼭지에 닿아 있다

어둠에게

오라 어둠이여
펄처럼 오라

네가 날 껴안으면 껴안을수록
내 뿌리는 깊어짐을
내 아느니
네 부드러운 살 깊이
뿌리를 내리면 내릴수록
내 푸른 잎은 수면으로 솟음을
내 믿느니

나를 깜깜히 재우는
네 부드러운 살결에
더듬어, 더듬어 내 뿌리를 뻗고
연못가 푸른 달인 양 얼굴을 내밀리니

오라 어둠이여
태풍처럼 오라

네 끝에는
미풍과 새털구름
끝없는 푸름 있음을
내 믿느니
네가 깊어지면 깊어질수록
끝이 가까워졌음을
내 아느니

나를 까맣게 지워버리는
네 가쁜 숨결에
더듬어, 더듬어 나를 씻고
초닷새 달인 양 얼굴을 내밀리니

기념사진

차창에 두 노인
칠순 사진처럼 앉아 있다

고래 속 같은 어둠의 길
그저 가고 있노라,
증명사진처럼 고요히 어둠에 떠
흐르고 있다

구들을 데우던 불길도 있었노라,
깨 볶듯 구들 위에 아이들도 길렀노라,
이따금 가늘고 긴 숨도 흘리며 가고 있다

전등이 흐려지면 주름살도 지워지다가
환해지면 또 깊어지다가
불길은 한순간
늘 매운 연기에 그을리는 나날들
콜록거리며 훌쩍거리며 흘러 왔노라,
이따금 기우뚱 흔들리며 가고 있다

노자만큼 낡은 핸드백
무릎에 얹고
지나온 고래 속만큼 그을린 손
깍지를 끼고
깜깜히 고래 길 흐르고 있다

고래 길이 끝나면
빈 허공
연기처럼 흘러가리라,
두어 줌 볏짚 재 같은 머리 가늘게 흔들리며
그저 고요히 흐르고 있다

꽃 소꿉

꽃다발을 안고
졸고 있는 엄마 곁에서
말동무를 잃은 아이
꽃잎을 따고 있다
엄마의 무릎 빈자리에
분홍빛 밥이 놓이고
빨간 반찬이 놓이고

ㅁㅁㅁ, ㅁㅁㅁ ㅁ,
엄마의 입에 손 숟가락이 가고
제 입에 손 숟가락이 가고
ㅁㅁㅁ, ㅁㅁㅁ ㅁ,

꽃 식사가 끝났을까
다시 노란 꽃잎 하나 따서
노란 손수건
엄마의 입술을 닦고
제 입술을 닦고

벌써 또 밥 때가 되었을까
아이가 다시 꽃잎을 딴다
아이 무릎에 파란 접시가 놓이고
접시 위에 분홍빛 과자가 놓이고

ㅁㅁㅁ, ㅁㅁㅁ ㅁ,
엄마의 입에 손 젓가락이 가고
제 입에 손 젓가락이 가고
ㅁㅁㅁ, ㅁㅁㅁ ㅁ,

아이의 손이 크게 펴져선
엄마의 배를 쓸고
제 배를 쓸고

꽃 식사는 꿈도 꽃 꿈이어서
잠든 엄마의 볼이 꽃빛이 되고
꽃 식사는 졸음도 꽃 졸음이어서
아이의 얼굴이 꽃다발에 포개지고

그런 사랑

나만 바라봐
네 눈길이
내 몸 밖으로 나가선 안돼

지하철 출입문 곁에서
코밑이 파르스름한 애송이가
아이섀도가 어색한 생머리의 허리를
두 손으로 감싸 잡고 서 있다

엄마가 가라고 해도
아빠가 오라고 해도
넌 내 앞에만 있어야 해
동창회는 절대 안 되고
직장 회식도 안 되고

지하철이 잠시 숨 가쁘게 흔들리고
흔들리다 튀어나간 눈동자를
애송이도 생머리도 황급히 주워 꽂고

퇴근 이후엔 누구 전화도 안 되고
내 전화를 씹어선 더욱 안 되고
전화 없이 잠들어선 안 되고
눈뜨자마자 일 번을 누르는 걸 잊어선 안 되고

애송이 눈동자가
생머리의 이마에서 가슴으로 오가기를 반복하고
생머리의 눈동자가
애송이의 눈동자를 새장 속의 새처럼 감시하고

너의 통장은 내가 관리해
카드만 써
결재 영수증은 내가 보관해

자리가 비어도
애송이는 생머리의 허리를 놓지 않고
생머리의 눈동자가 여전히 파수꾼이 되고

또 그런 사랑

낮술이 거나한 넥타이가
앞서고
아이를 업은 나지막한 새댁이 보따리를 들고
뒤따라 올랐다

넥타이가 빈자리를 찾아 앉는다
빈자리는 더 없고
넥타이가 새댁을, 아니 보따리를 힐끗
그냥 거기 서 있으라는 듯
보따리를 잘 들고 있으라는 듯,
다시 눈길은 보내지 않고
아예 눈을 감아버린다

보따리에는 흔들려선 안 되는
보양식이라도 들어 있을까
내려놓지도 못하고
서 있다
돌잡이는 지났는지
쌀자루처럼 흘러내리는 아이를

한 손으로 추켜올리다 기우뚱
서 있다

두 역이 지나도 눈은 뜨지 않고
새댁의 이마에 땀방울이 맺히기 시작한다
검붉은 넥타이 낯짝보다 더 가무잡잡한
새댁의 볼로 땀방울이 조르르 구른다
새댁의 눈길이 점점 더 자주
넥타이를 훑고 훑는다

또 몇 역이 지났을까
사내 눈길이 휘둥그레져 두리번거리고
지하철이 서고
새댁을 힐끗 보고는 출입문 쪽으로
어기적거리며 간다
흘러내리는 아이를 추켜올리고
새댁이 손을 바꾸어 보따리를 들고
뒤따라 나간다

그래서 그런 사랑

앉은 이보다
서서 가는 이가 더 많은
지하의 길
앉아 가는 동행들 사이
속눈썹이 긴 여인
무릎 위에 두 손 가지런히 모아 가고 있다

여인의 무릎 앞쪽에
반백 사내의 구두
깊은 주름 사이 상처 자국 몇
무늬처럼 얼비치는
낙낙히 늙은 구두
여인의 치맛자락 아래
막 세수한 듯 코가 맑은
굽 낮은 구두를
이만치 에워싸듯 지키고 있다

구두와 구두 사이
속눈썹에 가린 여인의 시선이

머물고
시선에 저린 구두코가 보일락 말락
옴찔거리고
구두와 구두가
밀어를 속삭이고 있다

산과 산이 눈짓으로 들판을 가꾸듯
구두와 구두가
소리 없이 쏟아내는 밀어들
씨앗이 된다
구두와 구두 사이
푸성귀 풋풋한 텃밭이 된다

삼인행

등산복 셋
경로석에 앉아 간다

금테안경이 왈
아랫배가 쏙 들어갔어,
마누라가 아주 좋아한다구,
꽁지머리가 왈
당도 줄고 부기도 줄고,
반백이 왈
배가 들어가니 혈압도 내리더라구,
다음은 누구의 말이 누구의 말인지
뒤죽박죽으로 섞이고
눈총들이 그리로만 쏠리는데
내릴 때가 가까워 왔는지
목 좀 축이고 가야지,
그 두붓집! 조오치!
맞장구로 받아치는,
쏟아 내고 와서 즐거운
등산복 셋

배가 고파 산에 갔었지
등산은 꼭대기로 가지만
골짜기 깊은 곳
고사리, 수리취, 도라지, 더덕, 머루, 다래에
으름이라고는 들어 봤나

추워서 산에 갔었지
삭정이, 솔가리, 억새, 노간주,
고지배기라고는 들어 봤나

어머니 치마폭인 양 매달려 살았지
눈물이 앞서 오르지 못하는 저 산
바라만 보아도 목이 메는 저 산을,
소 더불어 갔었지

하여 삼인행

지하에도 밤이 오고
밤을 뚫고 가는 지하철 승객들 여기, 저기,
비목어처럼 가라앉아
졸고 있다

유리창 저편에 한 사내
중절모를 벗어 무릎 위에 놓고
이마 주름 위 중절모의 깊이를 가늠해 본다

눈썹을 가린 챙
고개를 숙이고 챙 끝이 가리키는 그 발치에서
어린 비목어 같은 발자국을 찾던
그 깊이를 가늠해 본다

젖혀 쓰면, 이마 가득
햇살도 부서지고
골목 사람들 미소도 햇살처럼 와 부서지고
저 흐린 눈도 환해져 올 것을
끝내 눌러 쓸 수밖에 없는

중절모

바다 깊이에서 지상을 우르러다, 우르러다
마침내 돌아와 나란히
비목이 되어 버린
그 비목어 같은 발자국을 찾는
중절모

챙 아래 비목이 되어 가는 사내의 두 눈
중절모를 쓴다
젖혔다가,
다시 깊이 누른다
비목이 되어 가는 두 눈
챙 아래 숨어
바다 밑 밤길을 간다

삼인행 또 삼인행

얼마나 흘러 왔을까
이 깜깜한 길을
오르고, 내리고 또 오르고

하늘에서 내린 물방울도
땅에서 솟은 물방울도
풀잎에서 굴러 내린 물방울도
들어오고 나가고 또 들어오고
어디로 흘러가는 것일까

그는 흐르다 흙에 스몄을 것이고
또 그는 흐르다 웅덩이에 갇혔을 것이고
또, 또 그는 흐르다 어느 집으로 갔을 것이고
아직은 남아 가고 있는 물방울들

문이 열리고 어둔 바람이 온다
일찍이 바람에 몸을 실었던
그는 아직도 바람으로 흐르고 있을까
바람이 되어

임자 없는 어느 들녘에
쉬고 있을까

핏기 잃은 전등이 껌벅인다
그 등빛 아래 창백한 물방울들
그들의 바다는 어디쯤에 있는가
햇살 아래선 끓는 빛이 되고
노을 아래선 노을이 되는
바다는
구름이 떠가면 구름이 되고
바람이 오면 바람이 되는
그들의 바다는
진정 있기는 있는 것일까

야 삼인행

밤길을 가고 있다
어둠이 켜켜이 내려 쌓인 길
먼 파도소리처럼 기차는 흐르는데
어둠의 퇴적층을 덮고
여기 또 저기
조개처럼 흩어져 가고 있다

너무 깊어
깊이를 헤아릴 수 없는 어둠
눈은 시력을 잃어 가고
조가비를 닫듯 기어이
퇴화하는 눈을 닫고야 마는데

아, 닫음으로 열리는 이
어둠의 눈!
어둠을 향하여
아, 멈추어서 뻗어가는 이
어둠의 몸!

혼신의 힘으로 수관을 내밀어
어둠에 녹아 흐르는
너를 마신다
너를 마시고서야 비로소 살이 오르는
살조개
어둠에 녹아 흐르는
너를 마신다
너를 마시고서야 비로소 피가 고이는
피조개

어둠을 가고 있다
너를 만나는 유일한 이 길을 가고 있다

다시 삼인행

그녀는 말이 없다
흘러가는 사람들
흐르는 소란 속에서
바퀴의 소리를 세고 있는 것일까

시선이 허공 아래, 위로 이따금 흔들릴 뿐
수직의 상체가 고요히 멈추어 있다
아니다, 허공을 지나 차창 너머로
아득한 어둠을 뚫고 있는 시선
그녀는 어쩌면 어둠 어디쯤
나비의 날갯짓을 쫓는지도 모른다
소리 없는 날갯짓

바람 없는 허공에 벚꽃잎 지듯
사랑, 사랑, 내리다가 또 오르다가
물결 자는 개울에 토끼풀꽃 흐르듯
하얀 선 긋다가 하얀 점 되다가
저 분주한 소리 없는 비상

아니 어쩌면 거미의 잔등에
시선을 묻어 버렸는지도 모른다
소리 없는 허공에 손을 흔들듯
촘촘히 안테나를 엮어 나가다가,
사립문에 기대어 동구 밖을 지켜보듯
나뭇잎에 몸 묻고 바람의 교신을 기다리다가,
저 깜깜한 소리 없는 기다림

수직의 시선이 고요히
멈추어 있다
바퀴는 끊임없이 어둠을 두드리며 굴러가는데
그녀는 끝내 입을 다물었다

홀로 삼인행

어둠을 톺아 간다
그는 거기서
나는 여기서
잎새 젖은 나무가 되어 간다

차창 너머 어둠 속으로
그가 서고
그 뒤를 이만치 내가 서고
어둠 아득히
그는 또 나는
빈 들판에 오두막 같은
시월의 나무
온몸을 태우는 불붙은 나무
어둠 가득 무서리
자욱이 온몸을 덮어도
묵은 아궁이 같은 가슴은 꺼질 줄 모르는데

바람아 일지 마라
너 아니어도 그 붉은 꽃잎들

재처럼 손 놓아 내리지 않더냐
내려서 흙길에
붉은 밤을 펼쳐 보이지 않더냐
머잖아 다음은
우리의 무대
나도 또 그도
재처럼 소리 없이 손 놓아 내리리니
내려서 서릿발 돋은 흙 위에
붉게 또 까맣게
멍들고 탄 이 가슴의 잎새들 펼치리니

오래된 샘

돌배기쯤 됐을까
두 볼이 바알가니 잠재우고 있다

반백이 훨씬 지난 여인
주름살에 검버섯도 피기 시작하는
저 나이엔 팔도 아플 텐데
허리를 낮추고
아이의 이마를 젖가슴에 붙이고
제법 토실한 볼기를 다독이면서
깊은 잠 재우고 있다

아이 얼굴에 시선을 묻고 가는
할머니, 아니
오래된 어머니
아이가 소스라치기라도 할라치면
젖을 물려 재울 듯이
꽃잎 같은 입술을 내려다보며
기차의 흔들림을 가누고 있다

아이를 달래고
아이를 재우는
젖가슴 아니
아, 저 오래된 샘
젊어서도 늙어서도
생명을 태양으로 띄우는
어머니

결코 마르지 않는
이승의
꿈의
샘

매미 소리

바퀴가 비명을 지르며
멈추어 가고
사람들은 태풍 속 나무들처럼
휘어지고

그래도 전광판은 살아 있다
다듬은 개울물 소리
그리고 가다듬은 매미 소리
부르는 울음도 좇는 목청도 아닌
그저 가다듬은 매미 소리
매미 소리가 당신의 휴가를 기다립니다

바퀴가 마지막 단말마의 비명을 쏟고
휘었던 사람들이 어둠 속으로
부러져 나가고 다시
새 사람들이 그 자리를
채워 서고

그래도 전광판은 살아 있다

가다듬은 매미 소리
그리고 태초의 낙원 같은
여인의 끈끈한 소리
때묻지 않은 청정의 숲과 계곡으로 오세요

다시 쇳내를 쏟으며 바퀴가
구르고
사람들은 두고 온 어둠의 방향으로
태풍 부는 원시의 숲처럼
휘어졌다 다시 서고

그리하여 전광판은 살아 있다
다듬이질 소리처럼
매끈한
매미 소리는 살아 있다

침묵에게

침묵에게 말을 건다
벌써 몇 정거장을 지나치면서
눈을 감았다 떴다
홀로 가는 이
그의 침묵에게 말을 건다

기다리는 사람이 있을까, 그에게도
찌개 냄비를 올렸다 내렸다
간을 보고 또 보면서
발걸음 소리에 귀를 기울이는
귓불 고운 사람이 그에게도 있을까

그는 또다시 눈을 감는데
나그네는 집이 없는 법
나그네는 기다리는 사람이 없는 법
어둠을 신부 삼아
그리움의 씨를 어둠에 뿌리며
기약 없는 기약을 가슴에 묻으며
나그네는 홀로 가는 자인데

기다릴 사람을 찾고 있을까
부엌에서 마당으로,
마당에서 부엌으로,
치맛자락 흔들리는 종종걸음
대문 밖으로
골목길로
동구 밖으로
한껏 발돋움 높이는
이마가 맑은 사람을 찾고 있을까

# 4부
사람 찾기

어둠의 냄새

또 밤을
기차가 흐른다
어둠이 흐른다

어둠의 물결에 섞여 오는
한 줄기 너의 냄새
너의 냄새가 나를 씻긴다

입술을, 볼을, 눈을, 이마를,
목을, 가슴을, 등을, 허리를,
다리를, 무릎을, 발등을, 발가락을,
휘감고,
더듬고,
어르고,
문지르고,
흙 밭에 뒹굴다 온 어린 나를 씻긴다

내 볼기를 치기도 하면서
입술을 다물고 눈웃음을 섞어

꾸지람도 보내면서
너의 살 향기가
나를 씻긴다

내 피부엔
배냇저고리 속 실핏줄 어린
살결이 살아나고
내 얼굴엔, 팔다리엔,
배냇짓이 살아나고

너의 냄새가 흐르는 이
어둠은
나 홀로 잠겨서 잠드는
강

어둠의 눈동자

깊은 눈동자가 있다
그윽이 보노라면
하염없이 빠져드는
눈동자

눈동자는 말이 없고, 아니
눈동자의 말은 너무 많아
깊은 연못이 되고
나는 그 연못에 빠져드는
한 알 모래, 아니
가라앉아 아스라히 부화를 꿈꾸는
한 알 어란

그의 눈동자가 열렸다 닫힌다
그래도 잔물결 하나 없는
눈동자
그 고요한 연못 보드란 흙에서
나는 한 마리
물고기가 된다

온 지느러미를 흔들며
아가미를 껌벅거리며
그 침묵의 이야기 속을 헤엄친다

침묵에 녹아 있는
그의 말을 삼킨다
내 하루치의
양식
내 하루치의
사랑

어둠은 눈동자를 열고
그 속에서 나의 또 다음
하루가 흐른다

소쩍새

아무러면 어이하리
그 막막한 북녘 땅 아무르 강변을 흘러온
아무르의 나그네
나의 이 길은,

아무러면 또 어이하리
날아도, 날아도,
끝없는 아무르 빈 하늘가에 태어난
어둠의 혼
나의 이 자리는,

세상은 내 목청에서 흉년을 듣는다지만
배가 불러도 또
배가 고파도
너를 불러야 하는 이 사위어 가는
숯 소리

지상의 밝은 자리 다 두고서
어둠을 따라

어둠을 따라
너를 찾아 나선 이
깜깜한 목숨

남으로,
남으로,
흘러온 이 붉은 봄, 밤을
어둠에 숨어
숯 가슴으로 부른다
소쩍, 또
소쩍,

어떤 이유

계절처럼
지하철 문이 열리고 닫히고
어둠처럼
한 사내가 밀려와 앉았다

사내를 휩싼 담배 냄새
옆에 있던 하얀 사내가 혼잣말처럼 중얼거렸다
담배는 구십구 프로가 해롭다던데,
말없이 웅크리고 있던 사내가 한참만에야
어둠 속에 등불을 켜듯 가만히
미소를 떠올렸다

구십구 퍼센트가 해롭다는데
미소를 짓다니,
그것도 어둠의 절반을 비워 내면서까지
미소를 짓다니,
영영 어둠이 되어 버리겠다는 것일까
그리 저를 묻어 버릴 위인은 아닌 것 같은데
허면, 저 미소는 나머지

일 퍼센트에서 피어난 것이란 말인가

실핏줄 속속들이 피어나는 몽롱?
아마 아닐 텐데
여자들의 눈길을 끌어들이는 포즈?
아마 아닐 텐데
끽해야 삼분 간의 숨바꼭질?
아마 아닐 텐데

저 깨진 거울 같은 세상 사이에 흐린 막 치기?
혹시 그걸까, 하여
그 막에 비치는 아릿아릿 꿈 보기?
혹시 그걸까, 하여
꿈속에 녹아 있는 냄새 찾기?
꿈속에 숨어 있는 그림자 찾기?
혹시 그걸까,
그걸까,

비결

경로석에서 연신 꾸벅거리는 동행에게
모시 남방이 묻는다

요즘 건강이 안 좋으신가

상아빛 중절모
단장에 쥘부채까지 제대로 갖춘
풀 먹인 모시 남방이
동행의 꺾어진 목덜미의 주름살을
내려다보며 묻는다

주름살이 놀라듯
날씨가 더우니까 입맛도 떨어지네요
선배님은 용하시다, 아흔이 낼모렌데
비결이 뭡니까

허어 그러니 담배를 끊으라구
술도 좀 줄이고
비결이랄 게 뭐 있남

그저 삼시 세끼 토장국에 밥이고
일찍 자고 일찍 일어나고
마당 쓸고 텃밭에 채마 가꾸고
고기 반찬 보약이란 게 쓸데없는 소리야

하긴 그렇구먼요
춘부장님께서는 요즘 어떠신지,

노인네를 누가 말려
낮술에 줄담배 아직도 여전하시구먼

기차가 출렁거리며 휘어져 가고
주름진 목덜미에 미동이 일었다
으, 허,
허허허허허허

또 비결

아, 그거에는 상황버섯 댈을 게 없다네요

상황버섯은 옛말이고요
민들레가 그리 좋대요
우리 시고모는 그거 육 개월 먹고
깨끗이 없어졌대

그 뭣이냐, 질경이래던가, 올갱이래던가,
그게 그리 좋다는데

먹어서 되는 게 아니라더구만
그러다 또 재발한대요
자연 요법이 제일이라던데,
아예 깊은 산중에 들어가서 살아야 한다더구만
그게 근본 치료라더구만

다 모르는 소리
그러다 병만 도진대요
의사가 그러던데

치료 잘 받고
음식은 골고루 다 먹고
운동 열심히 하고
정기 검진 잘 받는 게 좋대요

그들이 지상의 비결을 마구 누설해 대는 사이
광고 모니터 하단에는 속보 뉴스가 흘렀다

인천대교에서 공항버스 추락
사상자 20명이 넘을 듯 오늘
오후 2시 40분경 공항으로 가던 중
인천대교에서 공항버스 추락

사람 찾기

짱짱한 지하철 박스 속에 자본주의들
앉혀서, 세워서,
가득 실려 간다
최고의, 첨단의,
상표를 붙인 자본주의들
실려 가면서도 제가 가는 양 양양히 간다

베 보자기에 싸서
맷돌로 눌러 굳힌
묵이나 두부 같은
흙내 나는 것들은 하나 없다
자라고, 익히고, 굳어지고, 부서지고, 깨어져서,
가루가 되고
물이 되고
뜨거운 불 위에서 다시 엉겨
굳히면 굳히는 대로 모양이 되는
저 풀의 정액 아니
저 흙의 정액
묵 같은 것

두부 같은 것
하나 없다

입술에 닿으면 입술이 되고
입안에 들면 속살이 되는
저 나무의 알 아니
저 흙의 알
묵 같은 것
두부 같은 것
하나 없다

첨단의, 최고의,
상표에 빛나는 자본주의들
최신의 박스 속에 실려간다
광고 전광판을 보면서
더욱 첨단의, 최고의,
자본주의를 배우면서
양양한 새 결의를 다지면서 간다

그리고 사람 찾기

찰랑거리며 가고 있는 사람들 사이에서
그 사람을 찾는다

그 무슨 핸드백이 앉아 있는
그 곁에, 없고
그 무슨 블라우스가 앉아 있는
그 곁에, 없고

어디에서 그 사람은 가는바늘
휘청거리는 한 땀, 한 땀을
뜨고 있을까

그 무슨 청바지가 선
그 너머에, 없다
그 무슨 가방이 선
그 뒤에, 없다

부러질 듯 솔기를 이어 가는 바늘
홈질을 하다가

흘러내리는 머리카락 쓸고 있을까

그 무슨 안경이 허리를 굽힌
그 너머, 없고
그 무슨 셔츠 목을 빼고 앉은
그 곁에, 없고

인두로 깃꼬리를 잡고 동정을 달아
화문석 위에 펴 보는 모시저고리
맑은 바람이 와 쌓이는 곁에서
콧등에 맺은 땀 숫고 있을까

그 사람을 찾는다
흔들거리며 가고 있는 상표들 사이에서

또 사람 찾기

이 지하의 기차 안에까지
참으로 위대하신
그분은 오신다

초강력 슛,
광고 모니터에 비친 골대 그물을 뒤흔드는
자블라니 축구공,
그 공을 찬
마징가제트 같은 사람에게
십조 원의,
아, 평생 세어도 다 못 세고 죽을 것 같은
불멸의 이름을 붙여주는 분

탱크 같은 사람이
솔방울만 한 공을 쳐 날릴 때도,
웬 인형 같은 처자가
얼음판에서 연속 세 바퀴를 회오리 돌 때도,
눈이 휘둥그레질
불멸의 이름을 붙여주던 그분

어디 그뿐인가
우리네 가구에도, 옷에도
오시는 그분
아니, 냄새나는 신발 밑창에까지도
오시는 그분

그러나 그분은
맑고 향기롭게 살기 운동에는 오시지 않았다
말의 자리, 침묵의 자리를 가리고
무소유를 실천하는
어느 스님의 마을에는 오시지 않았다

가방

아이는 유모차에 잠들어 있고
유모차 손잡이 아래
배부른 헝겊 가방
주인의 잠을 지키고 있다

잠깨어 칭얼거리면 물릴 젖꼭지
배고프면 빨 우유젖병
기저귀, 방울, 보리차, 배냇저고리
어린 생명의 짐을 지고
아이는 달팽이처럼 잠들어 있다

제 몸피만한 짐
머잖아 저것도 조금씩 커질 것이다
하여 종국에는
장롱이 되고
냉장고가 되고
찬장이 되고
컴퓨터가 되고
피아노가 되고

텔레비전이 되고
방이 되고, 거실이 되고, 집이 되고
그렇게 되고 되다가

요 하나, 이불 하나,
눌 자리가 되고
미음 사발이 되고
타는 목이나 적시는
냉수 수저가 될 것이다

아니,
고물상을 거쳐
용광로 속 한 움큼
쇳물로 끓다가
어느 집 돌잔치에
반짝거리는 은수저 한 벌로
놓일지도 모를 것이다

구두

구두들이 가고 있다
댓돌 위의 하얀 고무신처럼 조용한,
흔들어 벗어 놓은 듯 두 짝이 어지러운,
뒤돌아보지 않고 들어가 볼에 볼을 겹친,
하나는 바닥에 하나는 반공중 발끝에 걸린,

검은 놈, 흰 놈, 누런 놈,
흔들리며 가는 구두들
사이에 주름진 구두 하나 끼어
가고 있다
중심을 잡듯
11자로 묵직이 흔들리고 있다

굵은 주름 골을 위아래로 뒤덮은
빗살무늬 잔주름
흔들리며 온 길들의 골목
하나도 남김없이 그려 넣은 듯
촘촘한 바람의 길들을
흐린 불빛 아래 풀어 놓으며

바퀴의 진동을 묵묵히 받고 있다

아직도 반공중에서
내려올 생각이 없는 저 구두는
아무리 들어도 자꾸만 잊어버리는
아무리 들어도 그 이름이 그 이름 같은
이름을 지녔을 것이다

그것을 돋보이게 하고 싶었을까
주름진 구두가 조금 뒤로 물러섰다
밑창에는 묵은 먼지
수없이 쥐어 박히고 짓밟힌
흉터를 무늬로 만든
구두
깊은 주름이 낙낙히 볼을 넓혀
발도 낙낙한
그 구두

유민

찬란한 상표들 사이
회청색 작업복 서넛
명을 기다리는 마당쇠처럼
문간 쪽에 우두커니 서서 가고 있다

어디서 흘러온 흙들일까
검고 올 굵은 곱슬머리
더부룩이 자란 수염
중앙아시아 어느 산맥 아래일까
동남아시아 어느 밀림 속일까
주머니에 감춘 손마디가 곡괭이처럼 단단하다

그 마을에도 위대한 그분이 왕림하셔서
태양 같은 열매 한 알 또는
물고기 한 마리의
웃음이 넘쳐 나는 밥상을 뒤엎어 버렸을까

음식은
예술이다

옷도
예술이다
잠자리도
예술이다
예술을 누리고 살아야 인간이다
예술을 만드는 게 돈이다
가거라, 돈이 있는 곳으로
돈을 벌어
인간이 되어라
이 미개한 흙들아
그 지상의 명령을 내리셨을까

목덜미쯤에서 금방이라도 싹이 돋을 것 같은
흙빛 사내들
송아지처럼 큰 눈망울에 금방이라도
눈물이 고일 것 같다

다음 유민

그들의 목소리가 커지기 시작했다

그저 가끔씩
새소리나 듣던 그들에게
바퀴의 소음이 익숙지 않았을까
더러는 화난 듯
더러는 따지는 듯
또 더러는 아니라는 듯
제법 긴 문장들을 번갈아 쏟고 있었다

한국의 정치 토론을 보고 배웠을까
바람의 말도 아닌
흙의 말도 아닌
새소리는 더더욱 아닌
꼬이고 뜯긴 전선들 가닥 같은
이 땅의 말을 번역한
그들의 말

받지 못한 품삯일까

우리들이 쏘고 있는 눈총일까
지하방 곰팡이일까
세 끼마저 먹을 수 없는 라면일까

그도 아니라면
그들의 땅으로 돌아가자는 것일까
가서,
숲을 밀어내고 거기
이 땅의 찬란한 빌딩을 옮겨 세우자는 것일까
아니, 다시
흙이 되자는 것일까

눈총들이 일제히 그들을 겨냥해도
그들의 목소리는 커져만 갔다

그 다음 유민

이 지하철을 오간 지 십 년
드디어 스무 평짜리
가게가 생겼다 했다

설거지에, 청소에, 빨래에,
페인트칠에, 벽돌 나르기에,
손톱이 망가지고
무릎이 망가지고
그래도 아픈 줄 모르고
지하철을 오간다 했다

장바구니에 든 건 양고기 또 백주
새 음식에 파리 떼처럼 몰려드는
이 땅의 입맛들을 겨냥하여
양 꼬치 객잔을 냈다 했다

밀 농사 짓는 남편을 불러
밀 서리 솜씨로 양 꼬치를 굽고
밀 냄새 나는 옌볜 목소리로

원산지 좋아하는 돈들에게
웃음을 팔기로 했다 했다

이 땅 사람들 술잔 들고 외치는
이대로!
그것이 십 년만 이대로! 해 준다면
고향에 돌아가 상가 하나 짓고
손끝에 흙 안 묻히고 살겠노라 했다

이민에 판 밀밭이야
개똥 값
하나도 아깝지 않다 했다

내년이면
자식 남매
내학도 보낼 거라 했다

유민 이후

지하철에서는
사설도, 논평도,
으레 경로석에서 나오는 법
훤한 이마에 낮술이 물든
어느 노인회 간부쯤은 될 듯한
그의 음성이 한 옥타브 높아졌다

실업자? 천만에,
백수건달이 무슨 실업잔가
할일은 많아서 별별 사람 다 불러들이는 판국에
일하기 싫어서 노는 놈들을 실업자라니
와이셔츠 칼라가 말쑥한
젊은이가 그를 흘낏 바라보았지만
그의 음성은 더욱 날카로워졌다
그래,
먼지 나고 냄새 나는 생산라인에는
까만 사내들 들여다 세우고
풀 뽑고 씨앗 뿌리는 데는
흙빛 여자들 사다 앉히고

오죽하면 그랬겠는가 말이야
에어컨 팡팡 터지는 컴퓨터 앞에 앉아서
손가락이나 까닥거리다가
땡 치면 술잔놀음이나 하려는
도둑놈 심보가 어디 있어
옛말 하나 그른 거 없네
밭 갈지 않으면 밥 먹지 않았다잖아
땀 소중한 걸 알아야지
사우나 찜질방 가서는
땀도 잘 빼더구만
그 빼고 싶은 땀 왜 일에는 못 빼

찻간의 눈총들이 일제히 그에게로 쏠렸다
낮술이 물든 사내가 잠시 조용해지다가
옆 친구를 툭 쳤다

내일은 그 방죽으로 가자구
월척들 입질이 꽤 좋다누만

종이배

색종이를 가져올 걸 그랬네
묵묵히 아이는 종이배를 접는다
집에 가서 색칠을 하자
그래도 묵묵히
전단지를 뒤집어 아이는
종이배를 접는다

하얀 종이배
저 배에다 아이는
무슨 색을 칠하고 싶을까
어뢰를 장착하고
전투기를 실은,
함포의 포문이 푸른 하늘을 찌르는,
군함을 그릴까
컨테이너 박스 가득 쌓아 올린
무역선을 그릴까
하룻밤 잠자리 기백만 원의
유람선을 그릴까

서다가 또 나아가는 지하철의 흔들림 속에서
묵묵히 아이는
접어 가는 기억 속에 잠겨 있는데
딴은 나룻배
어느 고요한 강마을 나루에 묶여
잔물결에 몸을 맡기고
피안을 기다리거나
안개 자욱한 새벽
씨알이 굵은
하루치의 그물을 걷어 올리거나
그런 나룻배

색칠이 없어
바람이 색이 되고
비가 색이 되고
솜이불처럼 쌓이는
눈이 색이 되는
그런 나룻배를 접고 있을까

게임

어른들 틈새를
로봇이 날듯
뚫어 빈
자리를 점령한다
한 손에 쥐었던 로봇을 다리 사이에
감추고 또 한 손에 든
게임기를 무릎 위에 놓는다
망가진 베어링의 마찰음
같은 효과음
에 맞추기라도 하
듯 기계 소리를 질러 대며
로봇이 로봇을 유리잔처럼 깨트리는
정의의 전사가 된다

애들이 어째 저런 거만 가지고 논담
온 눈총들이 아이를 겨냥하는데
아이의 어미는
위대한 희망을 발견한 듯
아이를 막아 주는 성벽이 되겠다는 듯

아이 앞에 서서 그윽이 내려다본다

아, 이 나라 장래
든든한 국방이여!
엠원 소총과, 수류탄과, 땀과, 눈물로 지킨
이 나라에
아, 이 나라 장래에
든든한 경제여!
삽과, 괭이와, 땀과, 배고픔으로 이어온
이 나라에
저 초음속의 손끝
키보드 하나로 장차
만들고, 뺏고, 막고, 콩가루를 만들
로봇의 손끝
오, 위대한 로봇 대한이여!

체험학습

일제고사를 거부하는
학생들이 체험학습을 하러 간다
일제는 일제라서 거부해야 하니까
비교하고 줄 세우면 상품이 되니까

그래도 그 시간 대한민국 전국이
일제히 일제고사를 치르고 있다
민주주의는 다수결이니까
영점영이 퍼센트의
거부는 거부해버려야 하니까

전국이 일제히 일제고사를 치러야 한다
학교도 교사도 믿지 못하니까
계획하고 실행하고 평가하는
위대한 계율이 헌법 위에 있으니까
점수 못 올리는 교사는 퇴출하고
점수 잘 올리는 교사들이 남아
점수 잘 따는 학생들을 만들어야 하니까

일등만 살아남으니까
일등 아닌 나라는 나라가 아니니까
일등 아닌 사람은 사람이 아니니까
일등이 벌어서 가난한 사람들
죽지 않게만 먹이면 되니까

그래도 일제고사를 거부하는
학생들이 체험학습을 하러 간다
영점영이 퍼센트의
풀들이
나무들이
꽃들이
흙을 찾아
간다

착한 체험학습

기차간을
노란 아이들이 어지르고 다니자
아이 같은 선생님이
아이들을 한쪽으로 모았다

자, 착한 어린이 이리 오세요
병아리들이 주둥이를 앞세우고 조르르 간다
여러분 오늘 어디 갔었어요
냇가에요
무엇을 보았어요
물이요
풀이요
꽃이요
물고기요
새요
새 나빠요 물고기 잡아먹어요
고둥이요
네, 참 잘했어요 여러분
꽃은 어떻게 해야 해요

꺾지 말아요
왜요
꽃이 아파요
물고기는 어떻게 해야 해요
죽이지 말아요
왜요
물고기가 아파요

저 초롱초롱한 병아리들 마음속에 평생을
물도, 물고기도, 풀도, 풀꽃도, 그리 자라리
발 하나 젖은 아이 없이
손 하나 더럽혀진 아이 없이
참으로 착한 체험학습
젖어서 같이 살고
더럽혀져서 더욱 튼튼해지는
풀 같은 또
물 같은
삶에

고래잡이

고래를 잡으러 간다고 했다
사람보다 많은 여행 가방들을 쌓아 놓고
벌써 고래가 된 양 푸푸들 댔다

물 좋은 동해
포경선 드나드는 해변
민박에 짐을 풀고
가슴이
잔등이
까무잡잡 고래 등처럼 빛날 때까지
한 열흘 바다에서 살겠다 했다

지난 계절을 두고
모으고 모은
통장의 작살이 거덜날 때까지
낮에는 고래를 흉내 내며 헤엄을 치고
밤에는 고래 고기로 근육을 채우고
만 가지 부위에서
만 가지 맛을 내는

고래 고기, 허벌나게
특히 말하기 힘든 거기에 직방이라는
고래 고기, 허벌나게
몸뚱아리를 바꾸고
바다를 떠나는 날쯤에는
유유히 포경선을 유혹하는
고래처럼 유유히
물보다 많은 피서객들 사이를 돌 거라 했다

까무잡잡 빛나는
잔등에
가슴에
여자들의 눈길이 작살처럼 와 꽂힐 거라 했다

5부
보리밭 역

지하행

지하의 길엔
비가 오시지 않는다
지하의 길엔
눈이 오시지 않는다

빗물을 흘리며
우산들이 밀려 들어와도
눈송이를 떨어내며
머리카락이 휘날려 들어와도
어둠을 밀어내고 가는 이 길에는
비가 오시지 않는다
눈이 오시지 않는다

지하 수십 길
하여 이 길에는
밀어내는 어둠 밖에서
비가 내린다
밀어내는 어둠 밖에서
눈이 내린다

산을 넘고 강을 건너 먼
남녘 포구에까지
나를 더불어 내리는 비
들판을 지나 언덕을 지나 먼
북녘 산마을에까지
나를 더불어 내리는 눈

어둠 속에서 나는
집을 짓는다
도롱이 같은 먼
포구의
집
삿갓 같은 먼
산마을의
집

개울에게

흔들리며 엽서를 쓴다
몸을 가누어도, 가누어도,
획을 흔들어 놓는, 심술처럼
방점을 쓸데없이 마구 찍어 놓는,
저 바퀴의 진동
위에서 엽서를 쓴다

사랑이여
내 지나온 날들은
들풀이었다
흙이 있어 싹이 터 버린,
싹이 터서 그저 흔들리며 지나온,
이름 없는 들풀이었다
박수 같은 비는 자주 내렸지만
내겐 저만치 지나쳐 갔고
꽃다발 같은 눈도 잦았지만
내겐 저만치서 녹고 말았다

오는 건 그저 바람뿐

무시로 불어오는 수많은 바람뿐

내 머리 위로 피워 올린 한숨을 보고
내 잎새 끝에 맺어 버린 눈물을 보고
누군가는 시라 했다 또
누군가는 넋두리라 했다
떨어져 싹 하나도 틔우지 못할 그것
떨어져 뿌리 하나도 적시지 못할 그것

사랑이여
그러나 어이하리
들풀이고 싶은 것을,
훅 뽑혀 나가는 그날까지
한 언덕 자리
한 개울둑 자리
너 내려다보이는 이곳에서
한껏 푸른 바람을 품은,
진정,
들풀이고 싶은 것을,

사랑이여
획을 흔들어 놓는, 심술처럼
방점을 쓸데없이 마구 찍어 놓는,
저 바퀴의 진동
그것도 실은
나를 흔드는 바람 아니겠느냐

어느 소설가

그분 곁에 자리를 잡으면
큰형을 따라 나선 어린아이가 된다
내릴 역을 헤아리지 않아도 좋았다
그분이 나의 역이었으므로,
할 말을 준비하지 않아도 좋았다
말하지 않아도 듣고 있었으므로,

바바리를 즐겨 입는 그분은
막 집을 나선 여행자 냄새가 난다
일찍이 어린 나이에 가친을 여의고
홀어머니 밑에서 어렵게 자랐지만
결코 가난의 냄새를 풍기지 않았다
실업학교를 나와 야간대학을 들어갔지만
부끄러워하지도 않았고
자랑하지도 않았다

그분은
자신의 사상을 나에게 강요하지도 않았고
독재나 실정을 거리에 나가 외치지도 않았다

소설가였으므로,
소설가는 소설로 말해야 하므로,
잃은 자와 찾은 자가 있으므로,
리빠똥 장군 리빠똥 사장이 있으므로,
기억의 가면이 있으므로,
그렇다고 그들을 들고 외치지도 않았다

그분은
부둣가나 역 근처 목로주점에서 술을 마신다
대작을 두고 술을 마신다
사람을 마신다
영원한 소주,
진로, 산, 처음처럼, 다시 진로,
이어져 온 긴 나날들
주량을 헤아리지도, 맞출 필요도, 없다
그분이 나의 주량이므로,
비 내리는 강가에서도 술 더불어
눈물을 흘릴 필요가 없다
눈물이 흐르기 전에 노래가 흐르므로,

촛불

그분에게도 어깨가 으쓱이는 때가 있다
돈이 없어 답사 여행은 못했지만
이국의 지도를 펴놓고
본 것보다 더 본 것 같은
첫 작품을 완성했다는 거,
첫 작품에 반한 문학소녀의
짝사랑을 받았다는 거,
어차피 갈 거
해병대 장교로 갔다 왔다는 거,
그것도 은밀히
수십 번 술자리를 같이한 사람 앞에서만
어깨가 으쓱이는 때가 있다

어느 화가

중학교 미술 선생인 그는
늘 머리가 길었다
관리자의 잔소리가 심해지면
자른 티도 나지 않게 그저 자르는 시늉만 냈다
수염도 기르려 했지만
주위의 협박성 만류로
뜻을 이루지 못했다

그가 수염까지 길렀더라면
그의 작품 세계는 크게 달라졌을지도 몰랐다
머리카락도 수염도 그에게는
우주의 비의를 받아들이는 안테나,
촉수 같은 것이었다
그는 그것을 통해 우주의 비의를 받아들여
그림을 그렸다

하얀 배경
허공에 떠 있는 고무신 한 짝, 아니면
무수히 대각선 방향으로 달려가는

올챙이 같은 것의 무리들, 그것도 아니면
허수아비,
그렇게 그는 우주로부터 수신한
비의를 화폭 위에 무채색으로 쏟아냈다

그의 목소리는 실바람 같아서
우리는 자주 그의 말을 놓치곤 했지만
교실에서 아이들은
망을 보는 미어캣처럼
그를 향해 고개를 들고 그의 말을 들었다
비법이 있었는지 아니면
그의 마력인지는 밝혀지지 않았다

술을 마셔도 말이 없었다
그저 주는 대로 마시다가
기어드는 소리로, 가지, 하고
사라지곤 했는데
노래를 부르는 날은 그가 대취한 날이었다
무당이 작두를 타듯

발가락으로 술상
사실은 그저 평범한 모서리가 다 닳은 밥상
양 귀에 올라서서
일출봉에 해 뜨으거든으로부터 시작해서
눈물 흐을렸네까지
젓가락으로 지휘를 하면서
다 부르고서야 내려 왔다
그런 날은 노숙을 하기도 했는데
짐바리 리어카 밑이나 아니면
빈 종이박스를 둘러쓴 노천 잠이었다
그래도 다음날은 몇 가닥 안 되는
촉수를 부스스 하늘로 세우고
자율학습 전까지 출근을 했다

그는 나에게 그림을 하나, 아니
내 초상화 같은 연필 크로키를 하나 주었는데
아직도 나는 그 그림의 의미를 읽지 못한다
슬픈 미소가 감도는 사내의 얼굴
그 두상 위에

뱀이 똬리를 틀고
혀를 날름거리는
그 초상

빈 역의 독백

기다린다 너를
바람이 무시로 훑고 지나는
빈 내 가슴에
너 하나만으로 가득 채울 그 순간을
기다린다

어디에선가 흘러와서
어디론가 흘러가는
두 줄기 강철 허무 저 레일을
빈 내 안에 이리도 단단히 깔아 놓지 않았느냐

흘러오라,
흘러오라,
바람처럼,
그 위를,

기다린다
너의 거친 숨소리를,
쇳가루 노린 내음을 뿜으며

빈 내 속을 통째로 점령해 버릴
거부할 수 없는 생명을
기다린다

네가 내 안에 쏟을 욕망들
무시로 얼굴을 바꾸는 움직이는 욕망들
결국은 그것들이
너와 나의 안 곳곳에 오래오래
발자국 흉터들만 남기고 사라질 걸 알면서도

기다린다, 아니
기다려야 한다, 너를
애당초
내 안은
너였으므로

기별

네가
오고 있구나
세상의 모든 바람을 한 숨에 쏟아내는
허연 숨소리가
오고 있구나

네가 오면 언제나
너보다 먼저 오는
심장 소리
허수아비 같은 내 전신에 돋아나는
이 뜨거운
두근거림

내 빈 속을 꿰어 지나는 전선을
너에게로 흐르는 고압의
두근거림이
오르고 있다

바람결에 맺는 눈물

삼키고 삼켜
네 안 가득 익혀낸
기다림이
터진 봇물처럼
오고 있구나

나를 오래 떠난
내 안이 드디어
바람 어지러운 바깥세상을 돌고 돌아
나에게로
오고 있구나

종착역

레일에 발 묶인 짐승 하나
품 넉넉한 종착역
호수인 양 꿈꾸는 바람을 덮고
잠이 드네

비워도,
비워도,
어쩔 수 없이 또 채워지던
제 속 가득 넘쳐나던 불빛들,
꿈틀거리는 욕망들,
종착역 깊은 곳에 다 풀어내고
달려서,
달려서,
붉게 뜨겁던 근육들,
꺾어서 힘 모으던 관절들,
종착역의 어둠에 깊이 묻고

마침내
빈 고요가 되네

꿈꾸는 죽음이 되네
떠난 욕망들
다음 생이
플랫폼 깃발로 펄럭일 때까지

지상에 발 묶인 짐승 하나
품 따스한 종착역
깊고 두터운 어둠을 덮고
밤이 되네

그리고 종착역

종착역은 밤보다 깊은
여인
그녀 안에 전차
뜨거운 몸 풀고 있다

그녀에게서 나가서
그녀에게 돌아와
온 하루를 끓어오르던 피
한 방울 남김없이 쏟고 있다
제 몸에 수혈한,
그녀를 향해 용솟음치던,
직류의 피

드디어 전차는 죽어
그녀가 된다
그녀의 살이 되고
그녀의 핏줄이 되고
그녀의 뼈가 되고
그녀의 가슴이 된다

그녀의 허파로 숨쉬고
그녀의 심장으로 맥을 잇고
그녀의 가슴으로 꿈꾼다

종착역은 밤보다 푸른
여인
그녀 안에 전차
새 몸이 자라고 있다

내일은 또
그녀가 되어
세상으로 나갈 것이고
그녀의 하루가 되어
궤도를 돌 것이다

보리밭 역

보리밭 가운데
고요한 역
보리가 자라면
보리밭이 되는,
하늘을 향해 열려 있는
역

보리 수염을 흔들며
기차가 들어와
종달새 떼를 낳는다
지리지리,
누구지리,
보리밭 두렁에
종달새 한 무리를 낳는다

노골노골 누구누구,
지리지리 지리지리,
솟아나오는 비누방울처럼
종달새

목청들
보리밭 위로, 위로, 흘러 나가고

그걸 찍어
하늘에 포, 롱, 포, 롱,
종달새들
그려 가는
보리수염

보리 바람 일 때마다
봄 하늘 멀리멀리 젖어 가는
종달새
보리 빛
목청들

첫차

기차가
길을 나선다
동짓날 밤 같은 역의 몸 깊은 곳에서
긴 숨을 들이쉬는
기차
남은 어둠으로 가슴을 부풀린
목숨 하나
먼 길을 나선다

어둠을 삭이면 빛이 되는 것일까
파충류처럼 기어든
길고 긴
어둠들
온밤 내내 삭인
이마에,
가슴속에,
환한 불빛
불빛이 여명을 나선다

빛은 그의 양식
또 그것이 소진해 가면
기차는 긴 어둠이 되어
주린 파충류처럼
역의 몸 깊은 곳으로 파고 들 것이다

깊은 어둠을 서서히
빛으로 바꾸어가는 동지의 몸
아니 역의 몸 깊은 곳에서
태어난
기차
레일을 박차는 육중한
숨소리가 새벽을 나선다

| 독자에게 |

*

숨 가쁘게 달려온 기차가 쇳내를 쏟으며 섭니다.
한 무리 사람들을 내려놓고
기다림에 초조한 또 다른 사람들을 싣고서
기차는 서서히 다음 역을 향하여 나아갑니다.
기차 바퀴의 마찰음이
무겁게 빈 레일 위에 쌓입니다.
이제 저 기차는
시계바늘이 숫자들을 짚으며 하루를 돌 듯
무수한 역들을 지나
마침내는 종착역에 이를 것입니다.
종착역에 이르러 드디어 제 몸에 지닌 사람들을,
사람들이 품은 바람들을,
모두 쏟아 놓고 빈 몸이 되어
역 깊은 곳에서 휴식에 들 것입니다.
역은 밤이 되고
평화가 되고
안식이 되고
힘이 되고

아침이 되고

맑은 새 출발이 될 것입니다.

일찍이 조선의 성리학자 화담花潭 서경덕徐敬德은

이런 이치를 동지에서 찾아 이렇게 노래했습니다.

바야흐로 천지가 맑으면서도 떨릴 만큼 춥고,

물玄酒맛은 담백하고

자연大音의 소리 희미할 무렵,

아득히 허하고 고요할 뿐

아무 일 없는 듯 하던 터에,

일양이 되돌아옴에

갑자기 약동하여,

제 스스로 안 그럴 수 없는 오묘함을 일으키니,

이것이 바로 천지의 마음을 볼 수 있음이니라.

- 李楠永 역, 한국철학사(중), 동명사, 1987, 197~8쪽

한해 중에서 동지冬至는

낮의 길이가 가장 짧은 날입니다.

낮의 길이가 짧아지고 짧아지다가

동지라는 극점을 지나면
다시 그것은 길어지기 시작합니다.
낮의 기운, 양기가 이 극점을 기점으로 하여
회복과 약동의 계기를 맞이하는 것입니다.
마치 고난의 극점에서
생의 새로운 지평이 마련되듯이
"자연의 소리 희미할 무렵"에 이르러서야
새로운 양의 기운이 약동하기 시작하는 것입니다.
그리하여 지상의 생명들은
이 천지의 '오묘한' 운행 속에서
이 원리에 순응하여 생을 영위해 갑니다.
하루가 그렇고 한해가 그렇고 한평생이 그러합니다.
우리의 삶을 기차의 운행에 비유한다면
역은 이 동지쯤에 해당되지 않겠습니까.
아침에 출발하여 온종일을 쉼 없이 달려가고,
다시 돌아와 죽음 같은 잠에 빠지는 자리,
그 죽음 같은 잠이 다시
하루를 사는 새 힘으로 바뀌는 자리,
아니, 예전에 어린 우리가

넘어지고 깨어져서 울며 돌아오면
품어서 다독이며 아픔을 잊게 해 주던
어머니의 품과 같은 자리,
눈물을 걷고 다시 골목길로 달려 나가던
그 자리가 기차에게는 역이 아니겠습니까.

*

흙과 더불어 살던 우리가 어느샌가
흙을 밟지 않는 세상에 살게 되었습니다.
불과 오십여 년 참으로 짧은 기간 동안에
흙은 먼 옛날이야기가 되고,
아득히 두고 온 고향이 되고,
지친 꿈속에서나 만나는 그리움이 되어버렸습니다.
흙과 멀어지면서부터 우리는
자동차라는 걸,
기차라는 걸, 타기 시작했습니다.
아침에 일어나 자동차를 타고 일터로,
아니지요, 직장이라 부르는 곳으로 가고,

저녁에 또 그걸 타고 집으로 오지요.
흙을 밟고 흙의 일터로 오가던 옛날 대신에
자동차를, 기차를 타고 포도나 철길을 달려
종점에서, 정거장에서, 역에서,
정거장으로, 역으로, 종점으로,
시계추처럼 오고 가지요.
역에서 역으로 가고 오는 생명,
이제는 흙이 아닌 역이
우리의 생명이 되어버린 거지요.

*

먼 길을 달려온 기차 하나가
종착역에 쉬고 있습니다.
하루를 달린 뜨거운 숨을, 제 체온을,
레일 위에 한 모금 한 모금 내려놓고 있습니다.
주검처럼 차가운 몸이 될 때까지
아마 저렇게 내려놓기만 하겠지요.
그리고 싸늘히 식어

물방울처럼 어둠에 숨는 쇳덩어리가 되었다가
새벽이면 다시 고압의 전류를 전신에 채우고
다시 달아오르겠지요.
불이 되겠지요.
소생하는 핏줄을 따라 내연하는 불이 되겠지요.
하여 뜨거운 몸뚱이는
어둠을 헤쳐 돌아와 잠드는 이때까지
긴 하루를 달리고 달리겠지요.

*

어둠이 역이었습니다.
흔들리며 가는 기차의 앞을 가로막는
아무것도 보이지 않는 저 무서운,
어둠, 이만치 그 속을 흐르다 보니
어둠이 역이었습니다.
밀물에나, 썰물에나
어둠은 개펄처럼 나를 덮고
무수한 촉수를 뻗어

내 영혼의 상처를 어루만져 주었습니다.
눈을 가림으로 마음의 눈을 뜨게 하고
내 육신 속속들이 다가옴으로
내 뿌리를 더욱 굳건히 서게 했습니다.
어둠은 나를 자라게 했습니다.
상처에 새살이 돋고
빈 가슴에 무수한 씨앗들을 채워 주었습니다.

*

바람이 역이었습니다.
나를 구석으로, 구석으로 몰아가는
바람이 역이었습니다.
그 매섭고 시린 회초리 속에는
오래 기다려 온 어느 음성이 섞여 있었습니다.
그 음성의 풀꽃 같은 내음도 섞여 있었습니다.
사람이니까 기다린다는 것
기다림이 양식이라는 것
그리고 마침내는 바람 속에

그의 숨소리가 살아나고

나는 비로소 둘이 되어

바람 가득한 길을 가고 있음을 알았습니다.

*

울림이 역이었습니다.

레일과 레일을 건너뛸 때 쏟아지는

육중한 그리고 간단없는 울림이 역이었습니다.

흐느낌 같은, 아니

먼 북소리 같은, 아니

가슴에 귀를 대고 듣는 심장의 박동 소리,

바늘도 없이, 아니

숫자도 없이, 아니

시계 소리가 아니라 낙숫물 소리,

육중한 쇠붙이와 쇠붙이가 부딪는

그 울림이 이젠

생명의 뜨거움을 듣는 울림이 되고

우주의 정적을 사는 울림이 되었습니다.

하여 그 울림은
정지된 시간 위에서 그저 내가 있는 듯, 없는 듯
고요로 이끌어 가는 역이었습니다.

역

초판 | 1쇄 발행 2010년 11월 22일
지은이 | 김삼주 · 펴낸이 | 김소양
기획 편집 | 최 준 · 마케팅 | 김철범
디자인 | 이현미, 송미령, 양윤석, 윤나리

임프린트 | 도서출판 우리글
주소 | 서울 서초구 양재2동 299-5 남양빌딩 6층
마케팅 | 02-566-3410 · 편집실 | 02-575-7907 · 팩스 | 02-566-1164
홈페이지 | www.wrigle.com · 이메일 | wrigle@hanmail.net
블로그 | blog.naver.com/wrigle · 트위터 | @wribook

발행 | ㈜우리글 · 출판 등록 | 1998년 6월 3일

ⓒ 김삼주 2010 (저작권자와 맺은 특약에 따라 검인을 생략합니다.)
Printed in Seoul, Korea
ISBN 978-89-6426-019-7 03810

이 책은 저작권법에 따라 보호받는 저작물이므로
무단 전재와 무단 복제를 금지하며,
이 책 내용의 전부 또는 일부를 이용하려면 반드시 저작권자와
㈜우리글의 서면 동의를 받아야 합니다.

「이 도서의 국립중앙도서관 출판시도서목록(CIP)은
e-CIP 홈페이지(http://www.nl.go.kr/ecip)에서 이용하실 수 있습니다.
(CIP제어번호: CIP2010003966)」

* 잘못된 책은 바꾸어 드립니다.
* 책값은 뒤표지에 있습니다.